Jusqu'à ce que l'enfer gèle
Hommage à Thérèse Plantier

Approches littéraires
Collection dirigée par Maguy Albet

Dernières parutions

Ali ABASSI, *Flaubert dans le texte, Études sur la poétique romanesque*, 2017.
Maya OMBASIC, *Paysages urbains et mélancolie chez Ohran Pamuk*, 2016.
Mamadou Abdoulaye LY, *Malraux et la poésie*, 2016.
Gilles GONTIER, *L'Ermite et le Renégat*, 2016.
José FONTAINE, *La gloire secrète de Joseph Malègue*, 2016.
Thierry Jacques LAURENT, *André Maurois, Moraliste*, 2016.
Rachid BAZZI, *Permanence et variabilité dans le récit persan et arabe classique*, 2016.
Taïeb BERRADA, *La figure de l'intrus, Représentations postcoloniales maghrébines*, 2016
Magda IBRAHIM, *Le personnage de Charlotte dans* Le Testament français *(1995) d'Andreï Makine*, 2015.
Claire CARLUT, *Entre Poésie et Philosophie : l'œuvre de Christian Bobin*, 2015.
Jean-Philippe PETTINOTTO, *À Marguerite Duras : L'écriture comme un fleuve asiatique, Représentation narrative de la vie familiale dans les œuvres de l'auteur*, 2015.
Petra KUBÍNYIOVÁ, *À la recherche de l'identité dans l'œuvre de Frédérick Tristan*, 2015.
Ramona MIELUSEL, *Langue, espace et (re)composition identitaire dans les œuvres de Mehdi Charef, Tony Gatlif et Farid Boudjellal*, 2015.
Rafik DARRAGI, *Hédi Bouraoui. La parole autre. L'homme et l'œuvre*, 2015.
Youssef ABOUALI, *Yasmina Khadra ou la recherche de la vérité*, 2013.
Zohir EL MOSTAFA, *Hommages à Driss Chraibi*, 2013.
Mokhtar ATALLAH, *Études littéraires algériennes*, 2012.

Collectif coordonné par
Marie-Christine Brière

Jusqu'à ce que l'enfer gèle

Hommage à Thérèse Plantier

l'une des poètes du XXe siècle
« la plus démesurément subversive »

Du même auteur

Liesses, Éditions Subervie, Rodez, 1965.

Un Contre-sépulcre, Éditions Guy Chambelland, 1968.

Montagnes à occuper, Éditions Saint-Germain-des-Prés, 1978.

Ces amours de petites filles, collectif coordonné par Marcelle Fonfreide, Éditions La Pastourelle - Le Nouveau Commerce, 1978.

Le Soupir de l'ouvreuse, Éditions Librairie-Galerie Racine, 2006.

Béatrice est au jardin, Éditions de La Porte, 2008.

Battements du our, Éditions de La Porte, 2009.

Joi d'Amor, Éditions de La Porte, 2012.

Plus belle qu'inventée, Éditions de La Porte, 2013.

Cœur passager, Collection « Les Hommes sans Épaules » - Éditions Librairie-Galerie Racine, 2013.

En préparation : *Romancero*.

Poèmes en revues : *Le Pont de l'Épée, Possible, Voix d'encre, Les Hommes sans Épaules, le Fram… On disait la rive* (coplas), *Revue du Tarn*, 2009.

Études sur Thérèse Plantier : « Thérèse Plantier et son miel – "Une cacophonie essentielle" », et « Comme un air de légende : Thérèse Plantier », in *Dossier Thérèse Plantier, une violente volonté de vertige*, par Marie-Christine Brière et Christophe Dauphin, Revue *Les Hommes sans épaules*, numéro 36, second semestre 2013.

© L'Harmattan, 2017
5-7, rue de l'Ecole-Polytechnique, 75005 Paris

http://www.harmattan.fr
ISBN : 978-2-343-11372-2
EAN : 9782343113722

*Première de couverture originale
du recueil de poèmes de Thérèse Plantier.*

« Jusqu'à ce que l'enfer gèle » : cette expression est le titre d'un recueil de poèmes de Thérèse Plantier, *Jusqu'à ce que l'enfer gèle*, paru en 1974 chez Pierre-Jean Oswald. C'est la traduction littérale d'une formule familière américaine : *till hell freezes,* qui signifie ce qui dure très longtemps, ce dont on ne voit pas la fin. Cette formule avait été utilisée notamment comme slogan politique par des syndicalistes américains lors de la crise de 1929 ; il s'agissait alors de lutter jusqu'au bout. Dans une lettre à Carl Hermey Thérèse Plantier écrit : « Va sortir en janvier, chez P. J. Oswald, un nouveau volume : "Jusqu'à ce que l'enfer gèle", traduction de *"Till Hell Freezes Over"*, inscription que promenaient sur une pancarte les syndicalistes des années 30, paraît-il. » Thérèse Plantier avait séjourné un an (1928-1929) aux États-Unis où elle était partie pour étudier et enseigner par le biais de l'*Institute of International Education.* À propos de cet ouvrage, le poète et critique littéraire genevois Gilbert Trolliet écrit : « Votre livre vitriolé et vitriolant… Je r'ouvre *Jusqu'à ce que l'enfer gèle* avec beaucoup plus que de l'intérêt, c'est un explosif, et d'une absolue nécessité poétique au sens d'une poésie chargée ou bourrée jusqu'à la gueule comme un canon. »

*À Thérèse Plantier
para siempre*

M.-C. B.

Je remercie Françoise Armengaud pour son aide amicale au cours de la réalisation de cet ouvrage et Muriel Fournier pour sa mise en page.

Quand je serai morte, il faudra m'empêcher de mordre.

T. P.

Marie-Christine Brière

Présentation

Pour présenter Thérèse Plantier à celles et ceux qui ne la connaissent pas encore, je vais tout d'abord puiser dans les propos d'une justesse inouïe que Jocelyne Curtil, poète et amie de « la grande Thérèse » lui consacra au sein d'une belle étude intitulée « Thérèse Plantier, ou la révolution par le langage », publiée dans la revue *Les Hommes sans épaules,* numéros 13-14 de l'an 2003. Treize ans déjà…

Voici ce qu'écrit Jocelyne Curtil : « Serait-il question de décrypter en quelques paragraphes une œuvre aussi géniale, aussi riche, aussi originale et apparemment aussi chaotique ? » Œuvre par laquelle « du langage, instrument de leur asservissement, les femmes feront l'instrument de leur libération ». Faisant allusion à la réalisation de la vision d'Orwell – *1984* – Curtil en appelle à la parole de Plantier, « urgente, indispensable dans son radicalisme et sa volonté révolutionnaire d'alerter du pire ».

Ce qu'elle accomplira par la poésie, et quelle poésie !

Jocelyne Curtil souligne que selon Thérèse, « pour se trouver, non seulement il importe de nommer le mal universel, ontologique, mais encore faut-il l'élever à des paroxysmes ».

Elle remarque plus loin que « son écriture est ligne de feu », et que « l'équilibre trop longtemps maintenu est synonyme de stérilité alors que le non-équilibre implique organisation et créativité ». Elle poursuit en affirmant que « sa voix [qui] est celle des éléments […] sort de la nuit, du corps de mort en nous, pour tenter des incursions vers le corps de lumière ».

J'invite le lecteur à prendre intégralement connaissance des pages de Jocelyne Curtil, denses, précises, allègres, qui mettent en émoi et… en joie. Selon elle, Thérèse Plantier « donne vie à tout ce qui l'entoure », et « toute sa poésie est marquée du sceau de l'amour […] amour d'une humanité régénérée », puis elle conclut ainsi ses pages : « Thérèse Plantier, poète de l'essentiel, est une des voix les plus riches du XXe siècle. »

*

Dix ans après la publication de cette étude, en 2013, j'ai recueilli un certain nombre de textes rendant hommage à cette voix unique en vue d'un numéro spécial que lui consacrerait la revue *Les Hommes sans épaules*. En effet, Thérèse Plantier a toujours été liée et proche de Guy Chambelland (*Le Pont de l'Épée*) et de Jean Breton et son équipe (*Poésie 1*, *Les Hommes sans épaules*). Au second semestre 2013, un dossier « Thérèse Plantier » lui fut donc consacré dans le numéro 36 de la revue (pp. 75-155), auquel j'ai eu l'honneur et la joie de participer.

Cependant, plusieurs textes-hommages n'ayant pas été retenus pour ce numéro des *Hommes sans épaules*, je formai le projet de les porter à la connaissance de l'ensemble des participants, et, qui sait, d'élargir le cercle des lecteurs par la même occasion, d'autant que de nouveaux textes m'étaient parvenus. Ces pages émanant des amis lecteurs de Plantier, souvent pittoresques, très personnelles, forment de beaux témoignages, toujours marqués par la rencontre d'une personne vraiment unique, par son combat hors du commun et cette poésie fougueuse inoubliable. Certains de ses amis lecteurs n'ont pas répondu, d'autres ont disparu, mais on découvrira ici l'impact révolutionnaire de Thérèse Plantier, l'invitation à lire ses poèmes et ses écrits, une poésie totale, une curiosité à la fois savante et ivre de quotidien. Des instants de sa vie hautement savoureuse, délectable dans la tempête même, originale par nature.

À ces textes-hommages j'ai souhaité joindre, en seconde partie, non pas des poèmes – qui figureront bientôt, je l'espère, dans une édition de son œuvre poétique complète – mais quelques textes en prose de Thérèse Plantier : préfaces, extraits, et un inédit, afin que l'on puisse prendre la mesure de la force de sa pensée.

*

La vie des poètes ne consiste pas en postures, la destinée des poètes n'est pas édification d'un mausolée – bien lisse, bien ennuyeux… qui nous conduisent à relire des poèmes en fin de compte académiques, d'un académisme classique ou post-moderne, à des poèmes somme toute calculés, formatés, à goût de clavier d'ordinateur non travaillés par le coude et la plume, des poèmes qu'on « voit venir » et la plupart du temps incolores, insipides.

Je souhaite que les lecteurs saisissent par ces textes si vivants, d'une sincérité vibrante, à quel point la vie et l'œuvre de la poète forment un tout.

Oui, la vie de Thérèse Plantier fut parfois provocation, fureur souvent, mais les emportements donnent des envolées de poésie vive, humaine, déchirée et burlesque. Ajoutons que son style, ses émotions et ses passions ont un étonnant éclat d'actualité. Ses critiques, éditeurs, amis-lecteurs, amis-poètes ont fréquemment émis des jugements élogieux à son sujet mais noirs. Cette noirceur la reléguait dans l'infréquentable. Je souhaite qu'on redécouvre Thérèse Plantier, proche, si proche, qu'on lise et relise ses poèmes à couper le souffle et je remercie celles et ceux qui ont pris part à cette entreprise.

Marie-Christine BRIÈRE

Abréviations utilisées pour les références en cours de texte :

CE *Chemins d'eau*
CMD *C'est moi Diego*
JCQLEG *Jusqu'à ce que l'enfer gèle*
DM *Le Discours du mâle. Logos Spermaticos*
JNRPLPU *Je ne regrette pas le Père Ubu*
LP *La Portentule*
MI *Mémoires inférieurs*
LDS *Omerta. La Loi du silence*
PH *Provence, ma haine*
ST *Semence du trépas*

La pagination est celle des éditions originales.

N. B. : *Mémoires inférieurs* a été publié d'abord par les Éditions La Corde en 1966, puis republié dans le volume intitulé *La Portentule* suivi de *Mémoires inférieurs*, Éditions Saint-Germain-des-Prés, en 1978. C'est cette dernière édition qui est citée.

Première partie

Témoignages et études

Thérèse Plantier à Brazzaville, date inconnue.

Jean-Claude Arrougé,
Marie-Christine Brière

Thérèse Plantier : Note biographique

Première partie, Jean-Claude Arrougé

Née en 1911 à Nîmes d'un père journaliste et d'une mère directrice d'école. Brillantes études secondaires. Elle méprise pourtant très tôt et l'enseignement et les enseignants. Après une année de khâgne, elle échoue tout aussi brillamment à l'entrée à Fontenay. Vexée, elle part aux USA pendant un an par l'entremise de l'Institute of International Education. À son retour, elle commence une licence d'anglais mais s'ennuie tellement en faculté qu'elle abandonne. Pour ne plus dépendre de quiconque, elle se dirige vers l'enseignement et très vite vers celui des enfants inadaptés. Premier mariage à l'âge de vingt ans avec un extraordinaire danseur de tango moustachu. Entreposée pendant trois mois dans sa belle famille, elle s'en évade. Elle n'a jamais su quelle activité ou quelle profession exerçait son premier mari auquel il arrivait de partir en loqueteux le matin et de revenir en prince le soir (où changeait-il ses vêtements ?). Elle divorcera quelques années plus tard sans problème. Thérèse Plantier apprit par la suite que pendant l'Occupation, ce mari avait dirigé une fabrique de

« Croque-Fruit » que tout Marseille appelait « Croque-Merde », et où avaient travaillé de nombreux surréalistes réfugiés en zone libre.

En 1933, Thérèse Plantier s'engage politiquement auprès de Trotsky et participe activement en France à la fondation de la IVe Internationale, à l'intérieur du groupe des frères Molinier opposé au groupe Naville. C'est à cette même époque qu'elle rencontra très burlesquement, sur la Canebière à Marseille, l'homme qui l'a le plus marquée, le plus influencée : le philosophe et artiste, musicien et peintre Camille Planet. Amitié passionnée ininterrompue jusqu'à la mort de Camille. Elle rompt en 1940 toute activité politique, ne pouvant plus suivre Trotsky sur ses positions lors de la déclaration de guerre. Second mariage avec un aviateur élégant et ancien séminariste. Elle le suit pendant dix ans dans les colonies françaises, à Paris, à Nîmes, et enfin à Dijon sans cesser d'exercer son métier de professeur. Cette période correspond à la partie ultra-bourgeoise de son existence. Elle y étouffe et s'évade de nouveau... C'est à Dijon qu'elle rencontre un jeune homme, ouvrier tonnelier, dont elle s'éprend. Pendant trois ans il la supplie de divorcer. Elle le fait. Troisième mariage en 1958. Son troisième mari deviendra entrepreneur par la suite (troisième divorce en 1982).

Thérèse Plantier commence à écrire dans les années 1960. Elle avait reculé ce moment, pensant comme Artaud que les mots ne sont que « cochonnerie », mais trouve finalement dans une certaine forme de surréalisme, la raison et la façon de s'exprimer. S'ensuivent deux romans intitulés *Les Anges diaboliques* et *La Leçon de ténèbres*, dont elle n'est pas très fière, mais dont pourtant Simone de Beauvoir disait que « si les éditeurs ne le publiaient pas, ce seraient des imbéciles ». Elle se tourne ensuite vers l'expression poétique. Rencontre importante en 1964 avec André Breton qui la complimente pour son texte-réponse à l'enquête sur les représentations érotiques dans *La Brèche*. Il décèle en elle une « violente volonté de vertige ». Elle participe aux réunions de la *Promenade de Vénus*, puis se brouille avec le poète dont elle trouve l'entourage trop mondain et très arriviste. Depuis 1963, Thérèse Plantier ne cesse d'écrire. Elle dirige la revue *Possibles* avec Pierre Perrin (1976).

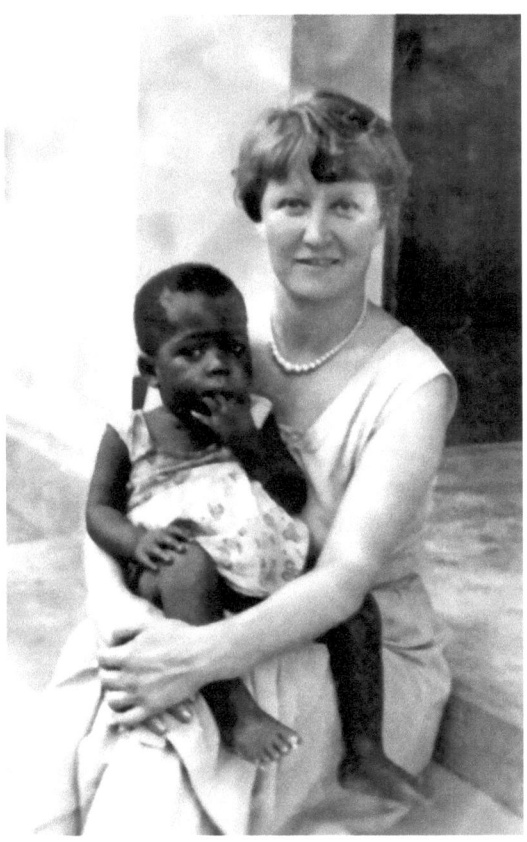

Thérèse Plantier au Cameroun, date inconnue.

Seconde partie, Marie-Christine Brière

L'essentiel de l'œuvre poétique est à venir : entre 1974 et 1988, six recueils de poèmes sont publiés par Pierre-Jean Oswald, Saint-Germain-des-Prés, Jean Breton, Guy Chambelland. Thérèse Plantier se consacre par l'étude, la recherche, la réflexion à trois « pamphlets » érudits : *Provence ma haine* (Éditions Christian Pirot), *George Sand ou ces dames voyagent* (L'atelier libertaire), *Le Discours du mâle. Logos Spermaticos* (Éditions Anthropos). En septembre 1982, elle épouse, en quatrième mariage, un jeune poète, Robin Morlot. En 1986, très gravement malade d'un cancer de l'estomac, elle passe sa convalescence à Faucon, jour et nuit soignée par Robin, de 87 à 88. Après la vente du camping de l'Ayguette, situé entre Vaison-la-Romaine et Faucon, elle quitte la Provence pour le Périgord. Nouvelle vie au lieu-dit Le Gabillou, où Thérèse et Robin ont acquis une belle propriété, et où ils reçoivent des amis fidèles. Mais la maladie n'a laissé à Thérèse qu'un court répit. Elle meurt le 5 août 1990. Le destin n'épargnera personne, et le malheur va porter ses coups. Robin se suicidera dans leur maison, le 4 septembre 1991. Une amie proche de lui, rencontrée en Dordogne, héritera des biens qu'elle dispersera avant de mettre fin à ses jours, en 2002.

Danièle André-Carraz

Thérèse, terre soleil

Marseille, 1957, sans doute, j'ai dix-sept ans : Thérèse, retour du Cameroun avec plein de merveilleux cartables en peau de bête et un très beau mari aviateur. Immédiate séduction : elle m'offre les uns, pas l'autre, qu'elle abandonne d'ailleurs pour un jeune chaudronnier appelé sous les drapeaux dont elle fera un maçon qui, plus tard, reconstruira pour elle de nombreuses maisons.

C'est chez mes parents : plus que collègues d'école, ils furent amis dans leur jeunesse trotskiste et ils retrouvent cette amitié. Très vite, Thérèse et moi mènerons en parallèle notre propre relation, et, autant le dire, parmi les quelques hommes que j'ai aimés dans ma vie, il y eut une femme, Thérèse. Mais ce n'est pas de moi que je veux parler ni de la question, devenue très actuelle, du genre et qui me fait bien rire car j'ai très tôt compris que, en chacun, chacune, vivent toutes les nuances mâles et femelles.

Alors quelques lieux et instantanés ?

La maison de la Pointe Rouge, bruissante de reinettes amoureuses, près de l'école où elle officiait auprès d'enfants dits « anormaux » et pour cela, plus artistes et poètes que nous. Le soir, je la rejoignais et, vin rouge et pastagas aidant, dans les bistros du quartier peuplés essentiellement d'hommes, ouvriers et pêcheurs, je me rappelle bien avoir dansé, dévêtue sur une table, endossant au quart de tour et trop contente de leur donner une vie multipliée, les provocations de Thérèse ! Délices de la provocation, ivresse de la liberté ! Car la subversion des idées passe d'abord par les corps !

Puis Chante-Cigales, dans les mêmes temps ; dans les collines varoises proches de Salernes, les ballades, nues dans la garrigue bleue, terre, soleil paniques, oui, c'était alors possible, comme un peu plus tard, dans le lit du Gardon, où l'on rencontra un jour Lawrence Durrell à poil lui aussi, et entouré d'enfants – « Oui, ce sont des petites choses que j'ai faites ici et là » dit-il avec tendresse – ou autour de Faucon : plus risqué, puisque des années plus tard, j'apprendrai que des universitaires travaillaient sur « les rituels de sorcières du Mont Ventoux », dansant nues les nuits de pleine lune autour de chênes séculaires. Faux, évidemment, et colportage de Fauconnais (on aimait chanter les soirs de bringue, même si nous ne valions pas mieux : « À Faucon, c'est comme les cochons, plus on devient vieux, plus on devient bête... »). Thérèse et ses joies de vivre enfantines ! Royale enfant, peut-être parce qu'elle n'eut jamais d'enfant, sans que cela lui manquât. Elle était solaire (jusque dans ses tempêtes) et rayonnait sur les hommes et les femmes qu'elle aimait (de sa face sombre, de sa violence, je ne veux pas parler).

Faucon, donc, village perché où elle rejoignit, avec Michel, sa mère aimée-haïe, institutrice elle aussi, à la retraite...

Au tour de Thérèse alors souvent (1964 ?), de me rejoindre à Paris, où, plus souvent que dans les établissements scolaires, je passais mes nuits dans une boîte homo de la rue des Canettes (je servais de chauffeur à la patronne) et des soirées à *La Promenade de Vénus*, bistrot montmartrois où les « jeunes » surréalistes entouraient le vieux Totem André Breton. (Je le revois un peu comme un portrait de Bacon). Sur les conseils du docteur Ferdière qui a toujours pris Artaud pour un crétin et me conseillait de m'intéresser à de meilleurs poètes qui avaient une relation avec Marseille, j'interrogeais Breton sur ses années marseillaises de réfugié trotskiste – défendu par l'avocat Gaston Deferre, avant de pouvoir, grâce aux réseaux de Varian Fry, prendre le dernier bateau pour l'Amérique.

Ce qui nous conduisit, Thérèse et moi, en juillet à Saint-Cirq-Lapopie, où… naturellement se produisit un cataclysme cosmique… définitif. Car, hommes ou femmes, j'aimais avant tout les poètes, et Guy Cabanel l'était…

Et où j'éprouvai trop vite, mais qui en doute, que si « pour aimer quelqu'un de son sexe, il y faut un brin de désespoir », comme m'en avait avertie le philosophe Camille Planet, un des grands amours de Thérèse, il n'est pas plus simple d'aimer un homme !

Thérèse alors, folle de rage, me couvrit d'injures dans des correspondances acharnées avec les uns ou les autres, qui, cependant, me restèrent amis, et qu'elle perdit, elle. Mystère des relations humaines. Mais je parle ici de vie – donc d'anecdotes, de ce misérable petit tas de secrets – et non de l'œuvre de Thérèse que les Surréalistes accueillirent un temps comme leur.

Plutôt évoquer aussi notre rencontre avec la duchesse de Bavoir qui nous reçut dans son affreux chez-elle dépourvu de tout goût, et… qui envoya à Faucon, pour se débarrasser d'elle, Violette Leduc. Une grande œuvre était déjà derrière cette immense écrivain, et le Goncourt pour un livre évidemment médiocre encore loin, et, quand Thérèse et Michel, son nouveau mari (le troisième, ils ont été de plus en plus jeunes), ne la nourrissaient pas, Violette parcourait le village avec sa voix traînante : « Vous n'auriez pas un pauvre poireau pour ma soupe ? »

Mais ces années-là furent aussi les glorieuses années « chambellanesques » – ils se fâchèrent ensuite pour une histoire de beefsteak apporté et pas mangé ou le contraire – et les allées et venues furent incessantes entre Faucon et Goudargues où Guy [Chambelland] reconstruisait sa bastide avec l'aide (la féministe Thérèse en était outrée) de la frêle et lumineuse Jocelyne aux yeux et au sourire myosotis ! Vint ensuite la terrienne Maryse. Nous ne trouvions qu'un seul reproche à adresser à ce poète et éditeur magnifique : Guy manquait par trop de « féminité ». (Je ne le pense plus depuis longtemps, ce « machisme » couvait une fragilité et une rage flaubertiennes).

Puisque donc c'est la vie que je rappelle et non l'œuvre, aussi inséparables soient-elles, j'évoquerai encore – car qui pourrait s'en souvenir ? – le premier mari marseillais de Thérèse, Chaussabel, danseur mondain, disait-il de lui-même, qui me conduisit sur les traces de la villa Bel'air et du devenu célèbre « Croc'fruits » [ou « Croque-fruits »] (Guy Chambelland attendit en vain le résultat de mes travaux), où travaillèrent pendant la guerre Surréalistes et réfugiés politiques ou juifs : « Ma copine travaillait au Zoo du Parc Longchamp, m'expliquait Chaussabel qui côtoya ce petit monde, et, pour manger, on volait les choux-fleurs de Poupoule l'éléphante et les carottes de la girafe ».

Cela me ramène à un temps proche de ma naissance et où je ne savais pas que tant que je serai vivante, Thérèse le sera aussi.

Danièle ANDRÉ-CARRAZ

Andrée Appercelle

Thérèse Plantier :
« volcanique, éprouvante… »

*Je passai commande
à la serveuse, elle m'oublia
je n'étais pas consommable…*

Thérèse pouvait se présenter ainsi. Volcanique, éprouvante, elle aimait ou détestait. Être son amie en évitant les orages se trouvait ardu.

Thérèse m'aimait et je l'aimais. Nous nous sommes connues par la poésie. Inapaisée, partant parfois en invectives, elle écrivait en ruades, se cabrait, ignorait la tiédeur. Elle estimait mes poèmes. Dans mon gros ouvrage *Regard* (éd. Marc Pessin), la présentation élogieuse qu'elle fit mêlait en écriture sa conception sur les hommes et autres, tout ce qu'elle rejetait, ses désirs de hargne ou d'amour.

Lorsque je parle d'une amie disparue, j'aime l'évoquer dans son quotidien. Je l'ai connue lorsqu'elle avait encore son camping. Maîtresse femme, elle savait donner un coup de poing à un client et se cassait le pouce qu'elle n'avait pas rentré. Depuis vingt ans, elle vivait avec « son maçon » qu'elle traitait à longueur de jour d'imbécile – il finit par jeter l'éponge et partit. Elle eut beaucoup de chagrin de cet abandon. Cela m'étonna.

C'est surtout avec Robin Morlot que je l'ai vue souvent. Je retenais une petite chambre dans un hôtel familial ; la patronne portait un tablier de ménagère boutonné de haut en bas. Celle-ci s'inquiéta à leur arrivée : « Si j'avais su que vous veniez avec votre fils, je vous aurais donné une chambre à deux lits. » Thérèse cingla : « Ce n'est pas mon fils, c'est mon amant. » La dame resta baba.

J'avais mesuré, une fois à la campagne, que Thérèse pouvait être aussi vulnérable, fragile. Dans la chambre où elle couchait, la nuit, elle avait eu un terrible cauchemar. Le matin, elle était encore bouleversée.

Robin l'aimait, l'entourait comme si elle était une enfant – parfois elle le rabrouait, c'était très court. Robin ne manquait pas l'heure des médicaments (de quoi souffrait-elle ?). De voir ce très jeune et beau garçon s'occuper ainsi d'elle, si attaché à elle, j'étais sidérée. Dans le fond, ils allaient bien ensemble.

Avec Thérèse, je n'ai eu aucun heurt. Je l'aimais, je l'écoutais, nous échangions nos écrits. Tout allait bien. Puis il y eut un long silence – quand ? Je ne m'en souviens plus. J'étais tout en mouvements, travaillais à la radio, un peu à la télé, organisais des rencontres publiques avec des écrivains, vivais !

Je sus qu'elle était malade, hospitalisée. Puis morte. Je l'avais peut-être oubliée un peu.

Dans le poème « Le Cheval bleu » :

Ma personne progressivement
s'effacera par lambeaux comme un oléoduc
mitraillé par les Kurdes

Robin ne survivra pas.

Andrée APPERCELLE.

*Thérèse Plantier et Robin Morlot, chez Loulou et Robert,
amis campeurs luxembourgeois, 10 septembre 1980.*

Le chien Shanti, Thérèse Plantier, la poète Anne Teyssiéras, une amie, l'âne Soda, à l'Ayguette.

Françoise Armengaud

Thérèse Plantier, poète animaliste et féministe : « Je vois en toute bête un Dieu »

« Je vois en toute bête un Dieu » : telle est la conclusion d'un poème de *Omerta – La Loi du silence* (1975), qui mêle l'allusion aux « révolutionnaires / enlisés dans leurs deltas » à la mention de « tous les hérissons écrasés » sur les autoroutes[1]. Le parallèle, ou plutôt l'association entre le sort des humains et celui des animaux est forte. Et les termes par lesquels Thérèse Plantier qualifie ces événements sont également forts : « bain de sang », « holocauste », tout uniment. Quant au dernier vers : « Je vois en toute bête un Dieu » (assertion qui pourrait surprendre dans la mesure où Plantier se situait plutôt du côté de la devise libertaire « Ni Dieu ni maître » mais c'est d'autre chose qu'il s'agit), il est profondément « final », puisqu'il semble qu'on ne puisse aller plus loin dans la reconnaissance de l'importance des animaux. Et ce, sans exception d'espèce : Plantier m'apparaît bien non-spéciste, ou anti-spéciste, et dans une perspective où c'est bien chaque individu qui compte et vaut par soi-même.

Est-ce que Thérèse Plantier acquiescerait au rapprochement qui me vient à l'esprit avec ce vers de Victor Hugo ? Rien n'est moins sûr… Je cite quand même :

Là dans l'ombre, à tes pieds, ton chien voit Dieu[2].

Certes, ce n'est pas la même chose. C'est même très différent. Le « un Dieu » de Thérèse Plantier n'est sûrement pas le « Dieu » (tout court) de Victor Hugo (il pourrait bien en être le contraire). Il n'empêche. Ce qui est posé, c'est une valeur infinie de tout être animal, et une incommensurable supériorité des animaux sur les humains. On rencontre ainsi chez la poète au hasard de certaines pages du *Discours du mâle* une exclamation sans ambiguïté : « Louées soient les bêtes ! Elles n'ont su apprendre à parler » (DM 150).

L'IDENTIFICATION ANIMALIÈRE

Je la proclame donc non-spéciste (avec son brin d'impertinence étant donné le cadre présumable chrétien où la question suivante est formulée, lequel exempte cette question de la banalité qui serait la sienne en contexte hindou) lorsqu'elle déclare : « Je poserai nettement la question : le Sauveur aurait-il pu prendre, comme il prit celle d'un homme, la figure d'une femme, d'un âne, d'un chat, d'une citrouille ou d'un ricochet ? » (DM 151). Nous retrouverons plus loin les femmes en compagnie des animaux (et si nous nous laissions alors rêver un peu à la suite de T. P., nous pourrions imaginer sur la banderole d'une manif commune le slogan unitaire… « Même combat ! »).

Les animaux : elle ne se dérobe jamais à leur présence. Même invisible et silencieuse. Elle ne les oublie jamais. Rien ne la distrait de ce qu'ils exigent d'attention.

Thérèse Plantier ne fait pas partie de cette humanité (hélas trop nombreuse) foncièrement « oublieuse » des animaux et indifférente à leur sort. Aucun doute là-dessus, pour Plantier, chaque animal est un sujet pour soi, autonome et doué de valeur intrinsèque.

Thérèse Plantier remarque et dit, elle voit ce qu'il y a à voir, ne fait pas semblant de ne pas voir. Tous les individus comptent, il n'y en a pas de négligeable, même si c'est pour dire de quelqu'un (qui ?) qu'il est « sans pitié », ce qui veut dire qu'il devrait « être » avec pitié. Dans le poème intitulé « Longue histoire » de *Je ne regrette pas le Père Ubu*, il est question de quelqu'un qui marche :

> sans pitié pour les escargots
> écrabouillés sous ses semelles   JNRPLPU 35

Un poème (sans titre) de *Omerta* se lamente sur le sort de la rue d'Aligre en proie aux destructions de maisons et d'immeubles, et à l'édification de nouveaux bâtiments : « C'est au futur cadavre de cette rue que je pense ». Cette rue est malade de ce qu'on lui fait subir, et il n'y a point de « traitement curatif / de sels de lithium / pour sa maladie ». Or c'est cette maladie :

> qui fait hurler les chats jetés dans les bouches d'égout
> piétinés dans les fondrières d'immeubles en construction
>   LDS 79

Là encore, elle voit ce qui est rarement vu, rarement signalé. Quelque chose comme un fait divers récurrent de maltraitance occasionnelle, de meurtre où la cruauté des uns (les bousilleurs de chats) rencontre, on peut le présumer, l'indifférence des passants qui ne voient rien et n'entendent rien. Grâces soient rendues à Thérèse Plantier qui voit et qui entend. Elle n'a pas besoin d'aller chercher loin, la rue parisienne ou la campagne provençale suffisent à abonder en souffrance animale.

Elle-même se retrouve et s'identifie animalement, ainsi dans le poème intitulé « Anna » :

> Je ne me reconnais nulle part
> surtout pas dans l'histoire des hommes
> et des femmes
> mais seulement en celle
> interdite aux animaux   MI 217

La tournure peut paraître énigmatique : doit-on l'interpréter comme l'histoire qui serait celle des animaux s'il ne leur était interdit d'avoir une histoire, cette dernière devant impérativement demeurer le strict apanage des humains ? Et Thérèse Plantier serait fière alors de se reconnaître frappée du même interdit... Cette lecture peut être confortée si l'on se reporte à l'avant-propos « contestataire » d'un ouvrage de l'historien Robert Delort, intitulé justement *Les Animaux ont une histoire*[3].

Autre identification animalière, d'allure onirique, voire fantastique, et de dramatique tension – revisitée entre le thème de la chasse infernale et celui de la quête mystique –, dans ce poème de *Omerta* ou *La Loi du silence*, d'un lyrisme très fort intitulé « Éclatée aux confins de l'amour » que je cite en entier :

> Éclatée aux confins de l'amour
> je me suis chassée à courre moi-même
> poursuivie à mort
> embourbée dans les marais
> bridée de sang par les crocs et les épines
> – ma couronne –

j'aboyai comme les chiens
pendue étranglée comme un renard
tirée ensuite pendant des kilomètres dans un sac
car il sent le renard
les chiens gueulant derrière sa loque
et la nuit c'était moi
lancée comme une flèche
à mes trousses   LDS 149

À propos de ce poème, Marie-Christine Brière me parle d'un lyrisme « au-delà de l'impudeur », et « typique de son humanité animale et humaine animalité, de sa tendresse infinie, de son courage ». Selon elle, il s'agit d'un poème « sublime : la "forcenée" n'abdique pas, elle nous livre héroïquement ses douleurs, sa lutte avec des images qui *emportent*. C'est la "force-née"... » (lettre à F. A. 22 juillet 2016).

Il y a dans *Je ne regrette pas le Père Ubu* un très beau poème mystérieux (sans titre mais nous pouvons y faire référence comme « La bête »), où l'animal n'est pas nommé, seulement un nom générique et comme ancestral : la bête. Contraste (partiel) avec le poème dédié au renard « mon enfant », celui qui sait « que je lui cuis sa soupe » (ST 10). C'est presque un rêve, en tout cas la bête et Thérèse sont séparées, Thérèse ne peut rien pour elle ; en dépit de la compassion qui anime la première, c'est au désespoir que toutes deux sont vouées :

Chaque nuit
au déclin des ténèbres
vient la bête
sans y parvenir elle tente
de renverser la poubelle
elle souffle au bas de ma porte-fenêtre
elle sait que je l'aime

que je ne la chasserais pas si elle entrait
ce qu'elle ne fera jamais
elle sait que je ne la tuerais pas
elle pousse alors un gémissement
qui m'éveille
je devine qu'elle a pleuré
de faim d'horreur de solitude
elle sait que je ne peux rien pour elle
que gémir à mon tour
sous ma couverture mon linceul
afin qu'elle s'enfuie
m'abandonne à mon désespoir
et crève.
JNRPLPU 11

Il semble qu'on doive dépasser la perspective concrète et réaliste. Je suis tentée de dire que la bête est comme le double animal de Thérèse. Mais aussi qu'en dépit de l'amour réciproque, chacune ne fait qu'annoncer la mort de l'autre… Marie-Christine Brière me répond : « Le ton est bouleversant (sans images au sens rhétorique : comparaisons etc.). Une sorte d'étreinte cosmique : la bête dehors, Thérèse dedans, paralysée et attentive par l'impossible don secourable alors même qu'existe un amour infini. Chacune se fige sur sa faim, son honneur, sa solitude – la même ? – quelque chose de puissant, contre le monde, mais en union tout de même ? […] On peut voir dans "La bête" la mort, bien sûr, la folie encore, mais elle n'utilise pas de majuscule – l'allégorie est si vivante qu'on voit une sorte de loup-humaine fouillant dans sa poubelle, et la poète dans son drap-linceul qui l'aime – le "crève" étant une rage à ne pouvoir [aimer ?] ? ». (lettre à F. A. 22 juillet 2016).

L'AMOUR TENDRESSE ENVERS LES FAMILIERS ET ENVERS LES SAUVAGES

Marie-Christine Brière nous le fait bien comprendre : « Thérèse vivait avec les animaux », et elle les aimait d'un amour « total, respectueux et grave ». « Elle les admirait, les regardait, les nourrissait », aussi bien ceux de passage. On trouve « beaucoup de bêtes aimées dans sa poésie : renards, loups, chevaux ». C'est cette poésie que je souhaite explorer.

D'abord, intitulé justement « Amis », ce poème-récit – à la quasi allure de conte – d'une visite à des amis dans la campagne provençale près d'Avignon nous montre une Thérèse accueillie par des poules « caquetantes » et cinq oies qui ne cessent de défiler « à la queue leu leu au pas de l'oie » (pourquoi la poète se refuserait-elle, une fois, une petite facilité…). Qu'en est-il des autres animaux de la maison ? Voici la suite de ce tableau enjoué :

> les quatre chats restèrent assis sur leurs fesses
> au bas du perron sans piper mot
> mais les trois chiens éternuèrent
> et le plus gentil celui qui était attaché
> implora de toutes ses pattes à la fois
> qu'on le remît en liberté   JNRPLPU 24

Les oliviers au fond du terrain sont « un peu rachitiques » car rongés par « trois chèvres pour le moment enceintes / bien que ne se résignant pas à accoucher ». Facétieuse, la suite du poème pourrait prendre place entre le Prévert des *Bêtes* et le Marcel Aymé des *Contes du chat perché* :

> les chats s'assirent sur leurs fesses
> tout autour de la cage ouverte

> d'où sortit fièrement le perroquet américain
> qui agita si fort ses ailes bleu-turquoise
> que les chats ouvrirent encore plus ronds leurs yeux
>
> JNRPLPU 25

Force nous est toutefois de quitter la légèreté pour la gravité. Sobrement intitulé « Shanti », Thérèse Plantier a écrit un magnifique et très émouvant poème pour son chien Shanti – chien trouvé et adoré – mort après avoir mangé des tourteaux de ricin empoisonnés dans les champs d'oliviers au-delà des collines. Le poème commence non par le « Ci-gît » traditionnel comme tant de célèbres épitaphes pour chats ou chiens aimés, de du Bellay ou le Boatswain de Byron[4] (très beau poème par ailleurs), mais par un irrépressible élan de tout son être. Plantier exprime le vœu suprême de rejoindre dans la mort le corps aimé de l'animal. Premiers vers :

> Je veux être enterrée auprès du chien empoisonné
> par les paysans de l'autre côté de la colline
> je rejoindrai la dépouille de mon chien Shanti
>
> JNRPLPU 55

Et tandis qu'après l'autopsie qui aura révélé la nature de l'empoisonnement, le vétérinaire le jette en fait à la poubelle, c'est chez Thérèse le même impossible élan : « où je veux être enfouie près de lui ». C'est le dernier vers, où le lexique suit le réalisme de la chose : « enterrée » est devenu « enfouie »... Mais revenons au départ ; il se prend sur un impersonnel : « auprès du chien empoisonné » ; c'est l'universel d'un fait divers (hélas fréquent), vu de loin et s'adressant à tous, ensuite seulement personnalisé, approprié dans la tendresse, nommé au troisième vers : « mon chien Shanti ». L'amour se décèle dans l'appel du nom, mais aussi dans le récit d'un trait, d'un comportement. Par exemple les canines que Shanti découvrait à chacun :

> lorsqu'il voulait sourire au lieu de se mettre à pleurer
> chaque fois qu'on le grondait pour quelque sottise   *ibid.*

Les traits physiques de beauté, Thérèse Plantier ne les omet pas :

> belles cuisses longues étalées ouvertes fendues jusqu'à l'âme
> et ce museau poinçonnant l'air de poils hérissés   *ibid.*

Tel il apparaît aux yeux de la poète désespérée :

> sa dépouille décarcassée raidie dans les pervenches   *ibid.*

Le vers avec la mention des pervenches la situe, cette dépouille, et nous avec, entre le tableau immémorial de la mort parmi les fleurs – qui en fait une sorte de dormeur-du-val –, et la méditation de la charogne de Baudelaire (interprétée différemment), tandis qu'une sorte d'héroïsme touchant entoure la démarche de fidélité du chien qui, dernier effort de l'amour et luttant contre sa souffrance, rejoint sa maison, sa maîtresse, laquelle en a douloureusement bien conscience :

> il est mort dans le parterre devant la maison
> où il s'était traîné depuis les collines   *ibid.*

Thérèse Plantier nous aura donné là un chant de deuil parmi les plus poignants qui aient été écrits pour un chien aimé. Indépassable.

Dédié à Charles Pech, le poème « Après t'avoir revu » dit ce qu'a été la préparation à la venue de l'ami. Or de quoi est-il question ? Des soins donnés aux animaux ! Plantier écrit :

> j'ai picoré les grains de poussière
> à travers les rideaux griffés par mes chats
> j'ai pansé les plaies de ma poule infirme   LP 73

Vient enfin la promesse : « Je partirai ». Et une nouvelle précision pour bien affirmer que les animaux ne sont pas délaissés, et nous livrer en même temps la révélation que la triste fin de Shanti hante encore la mémoire de la poète :

> après avoir fait la soupe à mes chiens
> même à ceux qui sont morts
> empoisonnés par mes voisins
> comme il se doit   *ibid.*

L'empoisonnement fournira encore la « chute » d'un poème du même recueil qui pourtant commence avec de tout autres préoccupations, à savoir la pensée d'une femme aimée, à savoir « toi » :

> tu viens de loin surgissant de toi-même
> la vie fléchit sous ton poids
> tel l'œil sous le chagrin
> tel l'amour sous les jours   LP 78

Ce qui suit revêt une allure que j'appellerai « à la Prévert », c'est-à-dire une litanie d'évocations comparantes, plus ou moins douces, ou abstraites, suivie d'une « chute » concrète bien souvent épouvantable[5]. En effet, l'envolée lyrique retombe sec, interrompue par le trivial :

> tel le Chef de Centre sous les plis   *ibid.*

Et surtout elle s'achève sur une note tragique :

> tels ces chiens entassés en moi
> dans une piscine empoisonnée   *ibid.*

Ici il y a peut-être une condensation, et une allusion privée, au chien Rex, compagnon de Shanti, qui, lorsque Thérèse partait quelques jours en voyage, et que Michel son mari le nourrissait, se rencognait dans la piscine (vide évidemment) du camping de l'Ayguette et ne mangeait pas jusqu'au retour de sa maîtresse (Thérèse disait « Il fait piscine »). Or c'est Shanti, et non Rex, qui a été empoisonné... Dans un poème intitulé « Laisse tomber », elle parle de son angoisse, de ses pleurs, toutes choses qui sont à « transvaser », et ce « avec un bruit qui fait l'ascension de la trachée », et la comparaison emprunte à ses obsessions :

comme un chat noyé
comme un chien empoisonné   LP 79

Avec l'écrasement par les voitures, ce sont là les modes les plus fréquents de mort violente pour les chiens et les chats dans les campagnes. Quelque chose qui littéralement la rend folle, le poème se terminant sur cette décision contrainte : « moi qui aimais tant la raison / j'ai dû opter pour la folie ». Sur ce dernier point Marie-Christine Brière précise : « Pour elle, pas d'intelligence sans la raison, pour sa vie, la folie est un refuge forcé, un refuge poétique par engagement, parce qu'il n'y a pas d'autre zone... "raisonnable" ? On retrouve la fraternité avec la libre pensée... et le surréalisme peut-être... La raison, elle en parlait, et un halo XVIIIe cernait ses propos. MAIS avec le fond libertaire de l'abonnée au *Bulletin paroissial* du Curé Meslier... » (lettre à F. A. 22 juillet 2016)

Plantier ne craint pas le mélange des « genres ». Au contraire : ses argumentations sont souvent précédées ou suivies, plus exactement « truffées » de récits et d'anecdotes. En cela elle me paraît agréablement (et aussi étrange que cela puisse paraître, étant donné la différence des tempéraments des deux écrivains, plus encore que celle des époques) proche de Montaigne dans la pensée comme dans le style. Je considère que certaines pages du *Discours du mâle* font écho par delà les siècles à cette célèbre *Apologie de Raimond Sebond* où Montaigne justement exprime son sentiment de révérence envers les bêtes, et sa disqualification des humains[7]. Thérèse Plantier sait que les animaux « connaissent leur monde » aussi bien que nous le nôtre et sans doute mieux. Je ne résiste pas au plaisir de la citer lorsqu'elle écrit : « Que font d'autre les chiens et les chats lorsqu'ils aperçoivent un ami ou un ennemi ? Ils ne les nomment pas à haute voix, mais, plus raffinés et habiles que nous, repèrent d'autres signes et agissent en conséquence. Ils actualisent, ils gestualisent, ils expriment par des gestes et des bruits ce qui inscrit l'objet reconnu dans un champ d'idéalités. N'est-il pas fabuleux que les hommes si fiers de leurs propres connaissances soient dans l'ignorance des connaissances acquises par d'autres animaux ? » (DM 234-235).

Parmi de nombreuses autres, une anecdote marque la sensibilité de Plantier, celle de ce vieux paysan évoqué dans *Provence, ma haine* qui, « ne pouvant plus travailler et ne touchant aucune allocation, volait pendant la nuit du foin pour son cheval qu'il ne voulait pas mener à l'abattoir » (PH 28). Dans sa campagne, la poète écoute les rossignols et constate (comme l'ont fait depuis lurette les éthologues) « qu'il existe chez eux des professeurs de chant » (DM 28, chap. II « Paléontologie du langage ») et que « les bébés rossignols sont soumis, dès leur plus tendre enfance, à un entraînement intensif » (*ibid*). Elle parle « sur leur ton » aux fauvettes de ses murailles et constate avec bonheur qu'aussitôt « elles répliquent ». « Nous parlons de nourriture, de joie et de chaleur […] Nous ne traitons pas de problèmes à résoudre point par point, nous ne métalangagisons pas » (*ibid*.).

Oyez à présent l'aventure du chat Noiraud. Ce n'est pas l'histoire, assez fréquemment contée (ce qui ne l'empêche pas d'être admirable) d'un chat qui rejoint sa maison et / ou ses humains dont il a été séparé. C'est plus complexe, et, si l'on y fait bien attention, encore plus personnel. Thérèse raconte : « Un chat appartenant à ma mère quitta Faucon pour aller à Luc-en-Diois (cent kms séparant les deux villages) afin de rejoindre ma mère qui y était partie en vacances pour un mois. En chemin, il passa par le village de Vinsobres où maman avait coutume de se rendre souvent chez des amis, et s'y arrêta, parce que les amis de ma mère crurent le reconnaître. Ils lui donnèrent à manger, l'hébergèrent et finirent par le rapporter à Faucon où maman était rentrée. À sa vue, Noiraud se roula de bonheur sur la terre » (DM 234). Ce qui me frappe, c'est non pas tant l'« exploit » de ce Noiraud que la manière dont Thérèse Plantier le décrit dans son initiative de sujet autonome, la façon dont d'emblée elle l'humanise (perception égalitaire) sans anthropomorphisme (sans perception projective).

Thérèse Plantier n'est pas seulement une amoureuse contemplative des animaux. Elle est pour eux une mère nourricière. Elle évoque au bord de la mer du varech « tombé dans [mon] assiette de carne pour corbeaux » (« Train pour Versailles », dédié à Jean-Claude Arrougé, LP 91). Elle cuit la soupe de ses chiens, celle de son renard. Je reprends ces vers déjà cités par Marie-Christine Brière, où la poète écrit :

> Le seul renard qu'ils n'aient pas tué me crie
> existe existe existe
> encore un peu
> chaque minuit il jappe sous ma fenêtre
> parce qu'il me plaint
> il sait lui mon enfant
> que je lui cuis sa soupe   ST 10

Lisons encore « Invocation », ce poème en prose empli d'humour. Il présente la forme (trompeuse, il va de soi) d'une Action de grâce après le repas : « Je te remercie Dieu […] Mon chat également te remercie, encore qu'il ait dévoré les mulots et bien des poumons de bébé de vache. Par moi achetés » (LP 118). Plantier souligne ainsi mais avec légèreté les dilemmes qu'il y a à entretenir un petit félin carnivore… Mais la suite immédiate de ce texte est une déploration qui appelle une profonde méditation : « Aux gémissements des chiens enchaînés par les villageois leurs maîtres se désagrège ce que tu as convenu de nommer âme… » La révolte n'est pas loin. Celle qui gronde à presque chaque page de *Provence, ma haine*…

De même, dans *La Portentule*, le poème du chat avec sa soucoupe de lait, qui finit mal, et qui a pour titre « Le chat qui… », dresse un douloureux contraste entre le sort réservé aux chats très choyés et le sort infligé à ceux que l'on dépouille de leur fourrure après les avoir assassinés :

> Le chat qui suit le lait dans la soucoupe
> portée en triomphe par la famille

et dont rougeoient les yeux si bleus
s'appelle « Demenu » comme un petit garçon jadis connu…
                   LP 102

Le poème se poursuit par l'évocation d'une vie paisible et affectueuse avec les bêtes :

J'en ai fait part à la cane noire
qui tient une grande place dans notre vie[8]
[…]
elle vient souvent à ma rencontre
et mon chien lui fait fête
en sautant comme un étalon de rodéo   *ibid.*

Pour son propre compte, Thérèse Plantier semble se féliciter de ses bonnes relations avec les animaux :

aucun des animaux ne dit du mal de moi   *ibid.*

Tiens donc ! Et comprenons aussi : ce n'est pas comme les humains, qui sont tellement mauvaise langue avec elle ! Quant au final, il est purement atroce :

… mais il est permis de se lamenter
pour les chats enfilés de la gorge à l'anus
sur une tringle   *ibid.*

Ce n'est pas tout. On trouve une admirable affirmation d'une grande proximité avec l'animal aimé dans le poème de *Mémoires inférieurs* qui a pour titre « Rédemption » :

les distances ont manqué
du chien à moi
mon cœur me regardait par son regard
indistinct du mien   MI 192

Suit sous la plume de Plantier l'imagination d'une fantaisiste, ludique et truculente réincarnation :

> je reviendrai âne sur la terre
> poil de queue d'âne
> ou d'ânesse il n'importe
> pas de priorité désormais
> ou pénis-de-chat *ibid.*

On s'émerveillera également de la présence aimante des animaux au sein d'une relation amoureuse humaine – ils ne sont jamais oubliés ! – dans le très beau poème intitulé « Toi-moi » :

> Nous nous laisserons tomber dans les brasiers de l'au-delà
> dans les feux inarticulés
> avec nos fagots de paroles et les bêtes
> qui nous ont aimées
> toi moi MI 149

Un poème (sans titre) de *Semence du trépas* décrit une scène violemment érotique : « elle me secouait furieusement / jusqu'à me tordre / et me faire dégorger à nu l'amour ». Seule témoin de la scène, une « petite chatte » silencieuse et muette et qui semble déplorer :

> nul ne l'a su
> sauf la petite chatte à figure rouillée
> où pleurent deux seaux couleur d'émeraude
> ses yeux en infortune. ST 51

Là encore, il fallait savoir voir. La lucidité de Thérèse Plantier, au sein des plus extrêmes convulsions, ne laisse pas échapper cette frimousse féline elle-même grande observatrice.

LA COMPASSION POUR LE SORT QUE LES HUMAINS RÉSERVENT AUX ANIMAUX

Déjà les textes précédemment cités disent la compassion de Thérèse Plantier. À présent, je vais citer sans les commenter des extraits de cinq autres poèmes qui expriment cette émotion, ce sentiment, devant des emprisonnements ou des massacres tellement quotidiens que la plupart des humains y pensent à peine ou s'y résignent, alors que ce sont de purs scandales, et T. P. ne ferme pas les yeux là-dessus, ni ne bâillonne sa parole. Ce n'est pas seulement sa lucidité qui se marque ainsi, mais son permanent courage à ne pas se taire.

« PRIÈRE » :

> rends la liberté aux oiseaux
> la vie aux chats écrasés sur les routes   MI 146

« CAMILLE EST MORT » :

> Camille est mort sous les chiens aveuglés mais aussi
> sur la route nationale tapissée de chats écrasés
> sanguinolents   MI 207

« CHAT ÉCRASÉ » :

> Si […]
> vous trouvez pour destin la mort des autres
> même celle d'un sansonnet ou d'un cafard
> et surtout celle des chats
> qu'ils la dissimulent ou bien qu'elle brimborie la route   CMD 97

« CHAT ASSASSINÉ » :

> ce chat que le voisin a flingué par la suite
> parce qu'il mangeait des pigeons que
> les hommes seuls doivent manger   ST 63

« LES BÊTES » :

> aux chevaux morts le long
> de l'histoire des hommes
> j'ai fait un tapis de leur sang
> à la gaîté assassinée   MI 208

Le poème intitulé « Chevaux », véritable hymne litanique en hommage aux chevaux, commence par l'évocation du pouvoir créatif poétique :

> Le poète dit hue !
> et les chevaux hennissent dans sa chambre   LP 42

Suit une énumération épique, depuis « les hongrois épopées anciennes » jusqu'à, huit vers plus loin, « les hardés les houssés les palefrois les hasquenées », pour parvenir enfin au concret contemporain, qui est l'horrible, avec un vers charnière, lequel conjoint l'épopée historique et l'horreur qui l'accompagne inéluctablement : « ceux congelés pendant la retraite de Russie ». Par la suite elle évoque une époque plus proche de nous, puis notre actualité :

> ceux bombardés dix-neuf-cent-quatorze
> ceux assommés dans nos abattoirs chéris
> et dont les tripes fument sous les naseaux
> des autres martyrs   *ibid.*

On songe au film de Franju *Le sang des bêtes*, les abattoirs de Vaugirard et de la Villette. Les abattoirs, Thérèse Plantier ne les aime pas ! Moi non plus. C'est l'une des raisons pour lesquelles j'aime Thérèse Plantier (que je n'ai pas eu la chance de connaître de son vivant). Elle raconte : « J'ai assisté à l'abattage des chevaux destinés à faire de la viande. On assomme, déplie, étripe, répand au sol les membres de ces bêtes tout à côté de celles qui attendent de subir le même sort et qui frissonnent d'horreur, roulent des yeux épouvantés et tentent, tout entravées qu'elles sont, de s'échapper » (DM 35). Et comble d'horreur, l'attitude cynique des humains : « Ils rient, ils plaisantent, les bouchers, les assommeurs » (*ibid.*). Plantier n'hésite pas à dresser une comparaison avec l'histoire humaine : « Les bourreaux de la Gestapo n'étaient-ils pas persuadés qu'ils torturaient ceux qui méritaient la torture ? Les tueurs des abattoirs n'éprouvent-ils pas mépris et dégoût pour les bêtes qu'ils assassinent ? » (DM 20).

Parmi les assassinats perpétrés dans les abattoirs, celui des veaux, ces « bébés » au mufle tendre et au regard confiant, est des plus insupportables (d'autant par contraste qu'ils fournissent des fleurons de gastronomie sous trente-six recettes et dénominations). Thérèse Plantier en proclame le scandale dans le poème « Minuit sous forme d'animaux » :

> … par les veaux flageolants
> auxquels je pense trop
> flagellés laminés émincés frits escalopés
> dans ces roulottes pour veaux d'où ils pointent leurs cils
> vers la bestiale face humaine…   MI 167

Que les yeux des veaux (comme d'ailleurs ceux de leurs mères et de leurs pères) soient bordés de longs cils, on le sait. Mais il fallait l'acuité tendre du regard de Thérèse Plantier pour confronter de manière aussi saisissante l'attente exploratrice et douce que ces cils représentent à ce qui, chez les humains qui les ont emprisonnés en leurs « roulottes » (pour l'engraissement), n'est pas visage mais « face », « bestiale » de surcroît... Par cette qualification, la poète effectue un beau retour à l'envoyeur : ce ne sont pas en effet « les bêtes » qui sont « bestiales » (entendez cruelles, brutales, stupides...), mais bien les humains qui ont inventé cette terminologie sophistique dépréciante. De façon prémonitoire en France (avec quelques rares autres), ou si l'on préfère pionnière, elle se montre au diapason des mouvements philosophiques et militants anglo-saxons de Libération animale et des Droits des animaux.

Par ailleurs, je vois dans le poème de *Semence du trépas* sur les agneaux et les hommes une proximité remarquable avec le poème d'André Verdet où ce dernier voit en l'« Homme » celui qu'il appelle l'« irréductible tueur de l'animal-frère »[10]. Thérèse Plantier observe une cruelle constante de la société humaine :

> Toujours les agneaux sont trop faibles
> pour qu'on ne les égorge pas
> ils pleurent ils supplient
> plus tu le supplies plus il rit   ST 33

Sans aucune illusion, elle sait ce qu'il en est du sort des poussins broyés vivants juste après être éclos :

> même les poussins il les martyrise
> que nous avait-on fait croire ?   *ibid.*

Qui est ce « il » ? C'est l'humain assassin, meurtrier :

> il accourt à toutes pompes
> chaque fois qu'il faut tuer   *ibid.*

C'est ensuite du rejeton humain qu'il est question. Là-dessus, elle se montre sans illusion non plus, Thérèse ! Car selon elle un bel avenir lui est promis, à cet enfant de tueurs :

il deviendra un aviateur
un astronaute
un prix Nobel pas de chômage
pour les gradés *ibid.*

Justement. C'est des propos de ces messieurs haut placés (au propre et au figuré) que Thérèse Plantier va nous entretenir.

DE QUOI PARLENT LES HOMMES ?
« ... DE LA DIFFÉRENCE ENTRE L'HOMME ET LA FEMME AJOUTÉE À CELLE ENTRE L'HOMME ET LES ANIMAUX » (DM 176).

On ne se tromperait pas beaucoup en posant l'équivalence / femmes = bétail / comme résumant la manière dont Thérèse Plantier voit l'exercice de la domination masculine dans la plupart des sociétés et des époques. Cela commence par l'exploitation, principalement celle de la domestication, qui vaut aussi bien pour les femmes que pour les animaux, et, y prenant naissance et s'y développant, des attitudes et sentiments de haine, de mépris, pour les unes comme pour les autres, ainsi que des pratiques de sacrifice, meurtre, assassinat.

C'est dans les 340 pages, à la fois très denses, érudites et hardies, de l'ouvrage intitulé *Le Discours du mâle - Logos Spermaticos* (1980) que Thérèse Plantier expose sa conception. Si les animaux n'en sont pas le thème majeur annoncé et n'apparaissent dans aucun des titres des quatorze chapitres (ce sont les propos des théoriciens et écrivains masculins qui prédominent : ils sont le sujet), ils sont assez omniprésents, mentionnés *passim* et avec insistance. Elle n'y affirme nullement une proximité de nature entre femmes et animaux. Elle ne donne pas dans une mystique naturaliste ! Elle ne croit pas à une quelconque harmonie principielle de l'Univers. Elle sait qu'il y a une articulation politique entre le sort des unes et des autres. Son discours à elle est polémique, féministe. La thèse s'expose de manière radicale : les femmes sont domestiquées comme le bétail, et tout comme l'ensemble du bétail, elles sont objet tout à la fois d'exploitation et de haine. Thérèse Plantier écrit : « Partout sur la planète où l'homme a domestiqué l'animal, ce que la femme occupée à la conservation de l'espèce eût été bien en peine de faire, il a du même coup domestiqué la femme » (DM 42). Quant à la haine et au mépris, ils ne furent d'ailleurs « pas seulement réservés par l'homme à l'être sexué autrement que lui ; tous les animaux consommables en bénéficièrent, du moment que l'homme leur faisait subir le même sort qu'aux femmes : les assassinant lâchement » (DM 48).

Le propos suivant est également éloquent : « [...] à l'époque où furent domestiqués les animaux destinés à la nourriture, identification de la femme à un animal destiné non à la nourriture mais à la reproduction de l'homme par l'homme. Ils ont fait d'elles un troupeau, exactement parqué comme les dociles bovins et chevalins et ovins eux-mêmes considérés comme bêtes de trait, de labour et d'alimentation ». Plantier poursuit : « Bien entendu, la nécessité d'avoir à dévorer des animaux paisibles et sensibles développe dans le consensus social des sentiments de haine farouche et de mépris envers ces animaux, lesquels, si on ne les avait pas considérés sous leur aspect de viande n'auraient été que douceur et sensibilité. » (DM 34-35).

Les textes des théoriciens des sciences humaines les plus réputés et révérés, Lévi-Strauss, Freud, Bataille, sont passés au crible par Thérèse Plantier. Au cours du chapitre III du *Discours du mâle*, chapitre consacré aux discours sur les sociétés « primitives », elle écrit : « Le rapport entre la chair de femme et la viande de vache n'est pas métaphorique ; il est causal, même s'il est complémentaire, parce que les hommes ont domestiqué la femme avant qu'ils aient domestiqué le bétail, et qu'ils ont profité de cette dernière domestication pour justifier la première », et Plantier cite Lévi-Strauss affirmant que l'équivalence la plus familière et sans doute la plus répandue dans le monde pose le mâle comme mangeur, la femelle comme mangée.

Le chapitre V du *Discours du mâle*, consacré à Freud, est joyeusement irrévérencieux. Thérèse Plantier note : « Nous venons d'observer que, depuis le début, l'humanité cherche de nouveaux arguments afin de justifier l'embétaillement de la femme. Freud a apporté à ce moulin l'eau de son zizi. » (DM 109). Quant à ce texte faisant suite à la réflexion sur Bataille, il mérite d'être longuement cité : « Or, qui est à cette heure la rose sublime du sacrifice, le Veau idéal, la maudite Désignée, la Toute Toute ? La femme, bien sûr. Eh bien, sacrifions-la, puisqu'elle est sacrée. Les animaux ne sont-ils pas sacralisés dans de délicieux et stimulants abattoirs ? D'élégante façon, il convient à l'homme de se distinguer des animaux et des femmes. Bataille est pour les femmes synonyme de Gestapo[11]. Car si les hommes et leurs philosophes policiers ne haïssaient pas les agneaux, les chevreaux, les veaux (hm ! que c'est bon ! c'est du veau de lait !), les poulains, tous les bébés en somme, y compris les mères qui mettent au monde ces objets de manducation, peut-être éprouveraient-ils des remords, des terreurs, à les consommer après les avoir torturés. » (DM 176, 177). Plus loin Thérèse Plantier parle de l'« assassinat collectif des femmes considérées non comme Mères mais comme bétail ». Elle poursuit en mentionnant les conséquences qui s'ensuivent : « La société mâle est une monstruosité faite pour embétailler le sexe féminin et assassiner sa possibilité de penser. » (DM 82). Après sa description horrifiée du traitement réservé aux chevaux à l'abattoir, elle conclut : « Il s'agit d'évaluer l'ensemble des dommages subis et de faire en sorte que cette abomination ne continue pas. Il s'agit de se révolter comme des bêtes, comme ces bêtes que nous sommes, mais qui pourront aller jusqu'à l'assassinat de nos assassins, ce que ne font pas les chevaux entravés. » (DM 35).

Les animaux ont été importants, essentiels, pour Thérèse Plantier aussi bien dans sa vie personnelle, dans sa sensibilité intime et poétique, que dans sa pensée philosophique et dans ses convictions féministes[12]. Elle proclame : « C'est au nom de la bête que je suis que je lutte et que je lutterai jusqu'à ma mort. » (DM 35).

Françoise ARMENGAUD

---

1. Ce propos magnifique de T. P. : « Je vois en toute bête un Dieu. » appartient à un poème (sans titre) de *Omerta* (p. 17). C'est la proposition conclusive (le vers final) d'un poème constitué d'une seule longue phrase. Cette proposition « principale » suit nombre de propositions « circonstancielles » énumérées en 15 vers. Poème qui commence par ce qui semble une écoute des nouvelles à la radio : « En ce lundi matin… ». Ce qui est livré se manifeste « en un bain de sang / moralisateur vulnérable insensé / sur l'autoroute à dix voix ». Suit une évidente allusion à ce qu'on a appelé la guerre d'Indochine (*Omerta* est publié en 1975, la prise de Saïgon par les révolutionnaires eut lieu un mercredi 30 avril 1975). À l'évocation

des combats (« lieu où sans arrêt se lacèrent à balles / les révolutionnaires / enlisés dans leurs deltas et Mékong ») succède la mention tout aussi forte : « en holocauste / à cinq cochons un chat et tous les hérissons / écrasés / en honneur aux chicorées baisées sur la bouche / dans le potager qui s'ensauvage ». C'est alors seulement que T. P. affirme : « Je vois en toute bête un Dieu. » Les humains se massacrent dans leurs guerres, ils massacrent les animaux sur la route, ils laissent les jardins à l'abandon…

Marie-Christine Brière m'a fait part de ses remarques sur ce poème : « Thérèse était radio-télé, sans problème avec la trivialité de ces choses-là ; l'échantillon de guerres dont tu parles, devait être relié à son quotidien et le dernier vers, en décalage, fait solennelle déclaration, convaincue, peut-être consolante, même si ce mot détonne chez T. P. Et puis tout ce poème destiné à nous, l'est [aussi] à elle-même. » (lettre à FA 22 juillet 2016).

2. Restituons quelque peu le contexte. La « Bouche d'ombre » interpelle l'« Homme » dans une sorte de révélation oraculaire et lui dit à peu près ceci : pendant que tu vis dans l'ignorance, la malédiction, la négation, le doute…

… À travers le taillis de la nature énorme
Flairant l'éternité de son museau difforme
Là dans l'ombre, à tes pieds, ton chien voit Dieu.

Victor Hugo, « Ce que dit la bouche d'ombre », *Les Contemplations* (1855), Bibliothèque de la Pléiade, t. 2, édition établie par Pierre Albouy, p. 814.

3. Robert Delort déclare vouloir « attirer l'attention sur ce fait étrangement peu connu, sinon ignoré : les animaux aussi ont une histoire. Pas seulement dans leur évolution paléontologique… Pas seulement dans leurs rapports avec l'homme… Mais encore en eux-mêmes… ». *Les animaux ont une histoire*, Paris, Éditions du Seuil, 1984, avant-propos, p. 7.

4. Du Bellay : « Belaud / Mon petit chat gris », « le petit chien Peloton » ; Byron et son chien Boatswain… Voir mon chapitre « Les émerveillements de la tendresse : animaux aimés, animaux pleurés », in F. A. *Apprendre à lire l'éternité dans l'œil des chats,* Paris, Éditions Les Belles Lettres, 2016, p. 143-165.

5. Jacques Prévert énumère et conclut :

Simplement la déchirante beauté de la vie
avec ses lueurs errantes
[…]

>   la beauté d'un ours captif avec un anneau dans le nez
>   la beauté d'un cheval couronné
>   d'un chien écrasé

Jacques Prévert, *Les Bêtes,* avec des photographies de Ylla, Paris, Éditions Gallimard, 1950 (album non paginé).

6. « Plis » : le terme n'est plus guère utilisé au sens où il l'est dans ce texte. Selon le Robert, un pli est un « papier replié formant enveloppe ». Le terme désigne plus largement un message papier envoyé par un porteur ou par la poste.

7. Montaigne : « C'est par la vanité de cette même imagination qu'il [l'homme] s'égale à Dieu, qu'il s'attribue les conditions divines, qu'il se trie soi-même et sépare de la presse des autres créatures, taille les parts aux animaux, ses confrères et compagnons, et leur distribue telle portion de facultés et de forces, que bon lui semble. Comment connaît-il par l'effort de son intelligence les branles internes et secrets des animaux ? Par quelle comparaison d'eux à nous conclut-il la bêtise qu'il leur attribue ? Quand je me joue à ma chatte, qui sait si elle passe son temps de moi, plus que je ne fais d'elle. » (*Essais*, Livre II chapitre XII). Élisabeth de Fontenay salue chez Montaigne « la lutte contre le narcissisme humain » et la manière de « crever la boursouflure ontologique et rationaliste ». (*Le Silence des bêtes*, Paris, Éditions Fayard, 1998). Citons encore ce propos « féministe » de Montaigne : « Les femmes n'ont pas tort quand elles refusent les règles qui sont introduites au monde, d'autant que ce sont les hommes qui les ont introduites sans elles. »

8. À propos de cane, voici une anecdote que je dois à Marie-Christine Brière : une année, Thérèse avait deux canes qui s'étaient liées d'amitié forte et ne se quittaient pas. L'été, elle leur disposait, ainsi qu'aux poules, un parasol pour les abriter du soleil dans le jardin (où elles mangeaient les fraises). Or elle n'hésitait pas, avec affection, à les déclarer lesbiennes, ces deux canes, car elles se « chevauchaient » (*sic*) tour à tour…

9. Thérèse Plantier a forgé le surprenant (et, à ma connaissance, semelfactif) néologisme « brimborier » à partir de « brimborion » : menu objet de peu de valeur, babiole, parure ; ou encore éléments de décor bon marché, qui parsèment une surface. Si peu de valeur que bien souvent laissés en l'état sur les lieux … Fulgurante vision de Plantier…

10. André Verdet, *De quel passé pour quel futur*, Paris, Éditions Galilée, 1980, p. 16.

11. Le jugement de Thérèse Plantier sur Georges Bataille est sans appel : « G. Bataille n'est si admiré que parce que les procédés de son raisonnement, de son art, de ses connaissances entérinent les plus grossiers mensonges du virilisme manducatoire. » (DM 177). « Et quelle haine pour les animaux, en Bataille ! ». Il écrit en effet et T. P. le cite : « Si grande que soit la déchéance d'un homme il est vrai que jamais il n'est simplement (!) comme l'animal, une chose. » (DM 185). Le point d'exclamation entre parenthèses est évidemment à l'actif de T. P. À propos des admirateurs de Bataille, T. P. conclut de manière rabelaisienne et réjouissante le chapitre qu'elle lui consacre : « Assez de ces érotomaniaques s'entrecuculant ! » (DM 187).

12. L'une des spécialistes anglo-saxonnes de la poésie française du XXᵉ siècle, Virginia A. La Charité, écrit : « Rejetant l'"écriture féminine" au sens conventionnel, Plantier instaure une écriture qui subvertit, pervertit et invertit le discours masculin et ce, par une activité créatrice plutôt qu'à travers l'appareil du corps ou de la libido […] Par une poétique de la disruption, elle s'efforce d'ouvrir un espace psychique pour les femmes. » In *Thérèse Plantier : a Feminist Poësis*, *Australian Journal of French Studies*, vol. 34, Issue 3, 1997.

Dans le jardin de l'Ayguette…

« Mon adoration pour les chats – adoration qu'à bon droit partagent tous les poètes – vient de ce que j'ai pu lire sur leur corps l'éloquence de leur langage. Qui a voulu et su comprendre ce qu'expriment ces bêtes qui ont daigné s'abriter dans nos absurdes usages, est bouleversé de ce qu'elles expriment, par mille et mille ondulations d'un poil, d'un muscle. Les chats sont fougueux, orgueilleux, maladivement sensibles à la moindre intonation, au moindre geste, à la moindre odeur. Ils savent des milliers de choses que nous ignorons et que nous pourrions peut-être apprendre à leur école, si l'Instruction Primaire Obligatoire ne nous dégénérait dès nos premiers ans, ne nous dépouillait de nos aptitudes au véritable savoir – "Car", dit Jacob Bœhme, "dans le langage sensuel, tous les esprits conversent entre eux".

Je voudrais écrire chat.

Déjà je parle chat et tiens avec mes bêtes des conversations qui doivent paraître absurdes aux fous. Celui qui aujourd'hui n'apparaît pas fou aux fous est fou. »

Extrait d'une lettre (non datée)
de Thérèse Plantier à Jocelyne Curtil.

Le chat Pouny au camping de l'Ayguette.

Jean-Claude Arrougé

Une « violente volonté de vertige »

Dimanche 5 septembre 1971 : Paris-Faucon à toute allure avec une nouvelle voiture. Violette Leduc m'a invité à lui rendre visite. Je me suis inquiété au préalable de ne pas avoir eu de ses nouvelles depuis quelque temps. Elle a en effet tardé à répondre à ma dernière lettre. Ce qui n'était pas habituel. Sa réponse : un petit billet, une demi-feuille de papier quadrillé dans lequel elle écrit : « Je suis déjà fort seule, sur une croix où on ne saigne pas. » Ces quelques mots m'incitent à téléphoner à madame Beaumont, une habitante de Faucon qui ne me rassure que légèrement. Elle me lance comme un défi : « Venez nous voir ! »

Je retrouve donc Violette ce dimanche soir de septembre, alitée, souffrante. Chaleureuse, elle me promet d'être en forme dès le lendemain. Rendez-vous est pris pour 17 heures. Je passe la matinée du lundi à rêvasser mollement dans mes bars favoris de Vaison-la-Romaine, mais aussi à me perdre dans les ruelles de ce Faucon que j'aime tant. Une voiture surgit d'un carrefour près d'un camping situé un peu en retrait du village. En sortent précipitamment, comme dans un film policier, deux femmes, dont l'une prend l'autre avec vigueur par les épaules. La meneuse m'accoste avec un aplomb étonnant :

« Que faites-vous ici ? » Je ne pensais pas être dans une propriété privée... Un peu désemparé, je bredouille un « Je me promène. » Elle m'observe de son regard bleu acier. Je ne l'ai pas convaincue. Je repars, un peu troublé par cette rencontre, vers la maison de Violette située près de l'église du village.

Violette m'accueille pimpante. D'emblée elle me dit, les yeux pétillants, avoir reçu le matin même une lettre de Simone de Beauvoir. Elle craignait beaucoup que Simone de Beauvoir ne lui tienne rigueur de la parution de la nouvelle poético-érotique *Le Taxi*. Pour la première fois, en effet, elle n'avait pas sollicité son avis. Non, Simone de Beauvoir ne lui en voulait pas, même si elle n'aimait pas ce scabreux « taxi » où un frère et une sœur se livraient à leur première expérience sexuelle. Je lui dis que j'ai vu Simone de Beauvoir à Paris, au printemps, distribuant *La Cause du peuple*. Elle me presse de questions : comment était-elle habillée ? avait-elle l'air en forme ?... Puis elle me propose : « Cancanons, Jean-Claude, cancanons. » Après quelques potins parisiens, qu'elle affectionne si cela ne dure pas trop longtemps, je lui parle de cette femme blonde que je viens de rencontrer. Ses yeux « petits et malins » s'illuminent. Elle trépigne de joie et m'annonce avec une certaine solennité : « C'est Thérèse Plantier, c'est ma plus cruelle ennemie. » Elle ajoute : « Elle écrit, c'est pas mal », puis nuance : « C'est inspiré de Dylan Thomas. » J'apprends de même que cette Thérèse est propriétaire du fameux camping près duquel je l'ai rencontrée. « C'était plein tout l'été », me dit Violette d'un air jouissif. Comme pour me suggérer que Thérèse Plantier avait dû gagner beaucoup d'argent. Pendant le dîner qui suivit cette conversation, dans un restaurant du Ventoux, le souvenir me revint d'une lecture de poèmes de Thérèse Plantier, chez Violette, rue

Paul Bert à Paris, deux ans auparavant, par un jeune écrivain, Daniel Depland, qui venait de publier *La Java* chez Pauvert, avec le soutien de Violette. Daniel vivait entre Londres, Paris et Faucon. Cette lecture un peu longue avait fini d'ailleurs par agacer Violette.

Violette va mieux. Sa « grippe » semble jugulée. Elle va écrire dans les bois. Elle part en short et chapeau de paille avec cahier, dictionnaire et victuailles dans son cabas. J'en profite pour battre la campagne et d'abord rendre quelques visites. Un bonjour à Madame Douillon, qui aide le curé dans l'entretien de l'église, une « sainte femme » comme disait Violette ; un autre à Madame Morel, la voisine-qui-a-le-téléphone et qui reçoit avec délectation des appels des « personnes de Paris » pour Violette ; les Beaumont, un couple d'agriculteurs que j'ai connu lors de ma première visite à Faucon. Je retrouve chez ces derniers la mère, Thérèse Beaumont, une originale octogénaire, la mémoire de Faucon, dont parle si bien Violette dans *La Bâtarde* et *La Chasse à l'amour*. Un personnage poétique qui a laissé tous ses biens à ses enfants et qui passe son temps à déambuler dans les maisons et ruelles de Faucon. Je passe un moment exquis avec elle. Elle me parle de Violette, arrivée dans le village en 1961. Quand celle-ci était angoissée, elle lui récitait des poèmes de Victor Hugo. Puis elle en vint à parler de Thérèse Plantier, qui fit connaître Faucon à Violette. Thérèse Plantier ? « Elle était ardente quand elle était jeune ». Les Beaumont, fils et belle-fille, évoquent aussi Violette qu'ils ont vue arriver bien pauvre dans le village – et qui venait souvent quémander une poignée de cerises ou un vieux poireau. Elle était maintenant tout à fait adoptée par les habitants du village, qui avaient fini par accepter ses tenues excentriques, son franc-parler…

Ce qui n'était pas le cas de Thérèse Plantier, une personne « pas facile ». Tout le monde avait pourtant bien essayé d'être « gentil » avec elle. Elle écrit, certes, cette Thérèse Plantier, mais personne ne comprend rien de ce qu'elle écrit. D'ailleurs, à moi de juger ! Ils me prêtent un ouvrage, *Chemins d'eau*, que Thérèse P. a dédicacé à Thérèse B. Ils continuent sur Thérèse Plantier. « Elle a eu beaucoup de chance » – et surtout celle d'avoir été mariée avec un aviateur si distingué, si charmant. Elle a divorcé pour se marier avec un homme de vingt ans son cadet, devenu ensuite entrepreneur de maçonnerie. Les rôles ont donc été clairement distribués dans le village : Violette « la gentille » et Thérèse « la méchante ».

Je quitte les Beaumont et prends à pied la route de Vaison. Patatras, je retombe sur Thérèse Plantier qui, telle le shérif de la bourgade, me barre la route quand je passe près du camping. « Vous êtes toujours là ? », me lance-t-elle. « Qu'êtes-vous donc venu faire à Faucon ? » Je n'ai pas le temps de camoufler *Chemins d'eau*. Elle s'élance vers moi et me demande exaltée : « Qui vous a donné cela ? ». Désarmé, je réponds : « C'est Thérèse Beaumont ». Elle se calme un peu, j'ai même droit à un vague sourire. Oui, elle écrit. Oui, il n'y a que la poésie et la philosophie qui vaille. Oui, le reste n'est que « cochonnerie ». Elle rentre dans sa maison et me ramène deux livres qu'elle m'offre et me dédicace : *C'est moi Diego* et *Poèmes de hippies*. Elle parle, elle parle, elle parle. Je ne dis rien. Elle finit par me dire qu'un autre écrivain habitait Faucon. Je réponds : « Ah bon ! ». Elle reprend : « C'est Violette Leduc, mais vous ne perdez rien à ne pas la connaître. » Je n'ai qu'une envie : fuir. J'y parviens non sans mal après avoir fait la connaissance de son mari Michel, « un simple », me dit-elle, et de l'amie poétesse en vacances chez elle. Un peu perturbé, je retourne voir Violette et lui raconte dans le détail cette rencontre. Elle s'esclaffe, excitée comme si elle m'avait joué un bon tour. Nous fêtons tout ça à grands renforts de whisky.

Je repars le lendemain pour Paris et écris à Violette. Elle me répond par retour du courrier qu'elle espère terminer cet hiver le troisième et dernier volet de sa biographie, que sa santé est « raisonnable » et que nous nous verrons cet automne à Paris. Elle me remercie pour ma visite et mon « éternel enthousiasme chaleureux ». Tout au long de l'hiver elle m'envoie des petits billets. Tantôt abattue, tantôt renaissante. De grippes en crises de foie, elle ne semble pas se douter que c'est un cancer qui la ronge. Ses deux opérations du sein, elle les a vécues avec une sérénité étonnante. Puis vient le 28 mai 1972, où je reçois un télégramme des Beaumont : « Violette est morte. » Je décide d'aller à l'enterrement qui a lieu le mercredi 31 mai. Les Beaumont viennent me chercher à la gare d'Orange.

Drôle d'enterrement que celui de Violette. Un choc : le cercueil dans le jardin. Violette expulsée de la maison. Des voisines sont choquées. Des chats rôdaient ce matin autour du cercueil. Les nouveaux amis de Violette, en accord avec les fidèles Daniel Depland, Madeleine Castaing, en ont décidé ainsi. De même ont-ils organisé une cérémonie religieuse. Daniel Depland essaie de se justifier auprès de moi et de madame Beaumont, très en colère. Violette n'allait dans les églises que pour se reposer. De plus, la seule religion qu'elle avait un peu approchée était la religion protestante, celle de son père. Madame Beaumont et moi décidons de ne pas nous compromettre et ne rentrons pas dans l'église. Thérèse

Plantier surgit de sa voiture, la queue de cheval en bataille, telle une walkyrie du Ventoux. Elle fait bruyamment part de son indignation. J'apprends alors par Madame Beaumont que Violette et Thérèse Plantier se sont réconciliées quelque temps cet hiver. Je devais en apprendre plus tard par Thérèse les circonstances. Les retrouvailles ont eu lieu à Noël 1971 dans un restaurant. Thérèse a vu Violette et a foncé sur elle : « Réconcilions nous ! ». Violette a accepté. Elle adorait se fâcher et se réconcilier. Thérèse l'a alors invitée à passer le premier de l'an chez elle. « Elle a quand même apporté une bouteille de champagne », m'a dit Thérèse. Elles se traitaient réciproquement de « pauvres radines ». Plusieurs fois dans l'hiver, elles ont été vues bras dessus bras dessous dans les rues de Vaison. Violette devait trouver commode que Thérèse lui serve de chauffeur. Thérèse devait trouver finalement bien d'avoir en Violette quelqu'un qui écoutait ou faisait semblant d'écouter ses longs monologues. Cette nouvelle période amicale devait être de courte durée. Thérèse s'est trouvée un jour chez Violette alors que celle-ci avait la visite impromptue d'un ami parisien, Jean-François Lefèvre-Pontalis (comme il aimait à se présenter : « le frère de l'autre », Jean-Bertrand). Une altercation eut lieu entre Thérèse et lui. Elle le traita de mondain, lui de gauchiste. Violette écrivit le lendemain à Thérèse un billet découpé dans un quart de page quadrillée : « 37° 8 ce matin, ma petite santé ne supporte plus tes scènes. » Nous étions fin février 1972. Violette partit ensuite à l'hôpital à Avignon pour une nouvelle « crise de foie ».

Retour à Faucon en août 1972. Je suis descendu une dizaine de jours au festival d'Avignon. J'en profite pour aller une journée à Faucon. La maison de Violette a déjà été vendue par la famille. Sa mère est toujours vivante.

Sa nièce s'occupe de la succession. Madame Morel me dit que Violette leur manque beaucoup. Sur la tombe de Violette, une plaque mentionne qu'elle fut écrivain. Faucon sans Violette, c'est trop dur. Je décide de repartir rapidement à Vaison à pied. En repassant devant le camping, je vois Thérèse Plantier. Elle me reconnaît. Plutôt que de l'éviter, c'est moi qui vais à sa rencontre. Je comprends tout de suite, à son air hautain, qu'elle sait tout de mes mensonges et cachotteries. « Vous l'avez donc bien connue, Violette Leduc, contrairement à ce que vous m'aviez dit. » J'essaie de bredouiller quelques mots comme pour me justifier. Inutile. Thérèse Plantier me toise de plus en plus : « Cela n'a pas d'importance, vous vous êtes trompé sur cette femme. » Chaque fois que j'essaie d'intervenir, elle répète : « Cela n'a pas d'importance. » Je repars décontenancé et marche rapidement jusqu'à Vaison. Pourquoi me suis-je précipité dans les griffes de cette panthère ? Arrivé à Vaison, je décide de lui écrire une lettre dans laquelle je lui parle de mon admiration pour Violette. Je me souviens avoir ainsi terminé ma lettre : « Si je me suis laissé faire, alors je veux bien me laisser faire encore davantage. »

Octobre 1972, lettre de Thérèse Plantier. « Il y a des rôles que l'on ne peut jouer longtemps, mieux vaut ne pas les accepter dès l'abord. » Elle finit par un « Sans rancune ! ». Elle m'annonce qu'elle viendra à Paris et me propose un rendez-vous : « Nous pourrons ainsi parler de la chère disparue. » Non sans m'avoir signifié que le « personnage écrivant était infect ». Je relève le défi de la voir. Rendez-vous est pris dans un hôtel près du Palais-Royal. Elle m'entraîne très vite dans un repaire de dames ayant bien connu Violette. Nous parlons beaucoup de la « chère disparue », de ses affres, de ses tourments. Je raccompagne Thérèse à son hôtel tard dans la nuit. Elle me parle de sa rencontre avec Violette via Simone de Beauvoir. Nous nous quittons, Thérèse et moi, bons amis au bout de la nuit.

Et une belle amitié est née ce soir là. Elle devait durer presque huit ans, à peu près sans nuages. Huit ans pendant lesquels j'ai partagé beaucoup avec Thérèse. Nous nous sommes beaucoup écrit. Nous nous sommes beaucoup vus. Elle descendait régulièrement, lorsqu'elle venait à Paris, dans ma petite maison à Buc, à côté de Versailles. J'ai organisé des fêtes autour d'elle pour lui faire connaître mes amis. Elle charmait tout mon monde. Merveilleuse conteuse, elle faisait des braises. Elle est certainement l'une des quelques personnes qui m'ont le plus apporté sur bien des plans. Sa culture était immense. Elle le savait d'ailleurs. Je disais souvent d'elle qu'elle avait tout lu. Elle assurait volontiers qu'elle était « la lectrice la plus rapide de la planète ». À Faucon Thérèse avait aménagé une très grande pièce avec un lit et des espaces lecture et écriture. Sur des étagères, elle avait rangé par catégories des livres : « les plus beaux », « ceux dont on parle », « les plus nuls ». Elle m'a fait connaître de grands écrivains anglais comme Jonathan Swift, William Thackeray ou Dylan Thomas. Elle vouait un véritable culte à ce dernier. Violette le savait. Comme Violette, elle adorait Jean Genet. Thérèse adorait autant qu'elle pouvait exécrer. Et quand elle n'aimait pas, il ne fallait surtout pas lui demander pourquoi – sinon nous avions droit à un cinglant « Parce que je sais que c'est mauvais. » Sa culture, aussi bien littéraire, picturale, musicale que scientifique (elle était fascinée par la relativité et la mécanique quantique), avait dû impressionner Violette qui se disait peu cultivée et « presque pas intelligente ». La modestie de Violette n'était pas feinte. Elle était en fait très cultivée et fut une très bonne pianiste. Elle mettait d'ailleurs la musique au-dessus de tous les arts. De Violette, Thérèse alternait louanges et férocités. Écrivaine de génie pour *L'Affamée*, elle était devenue l'auteure d'une basse littérature pour *La Bâtarde*. Cette fameuse *Bâtarde* avait eu du succès, disait-elle, grâce aux échotiers mondains, au grand « battage » organisé par Simone de Beauvoir, aux lesbiennes, aux homosexuels, aux nostalgiques du marché noir…

Parfois Thérèse raillait mes choix littéraires. En rangeant ma bibliothèque, à Buc, elle est effarée par ma possession de « l'œuvre complète » de Françoise Sagan – qu'elle aime bien par ailleurs : « Une dilettante qui sait écrire. » Je lui oppose sa collection de polars que je trouvais pour la plupart mal écrits et ennuyeux. Je lui fis quand même découvrir quelques auteurs intéressants dont Henry James. De même l'ai-je réconciliée avec Nathalie Sarraute pour *Vous les entendez ?* Thérèse lisait des ouvrages philosophiques ardus. Elle me les expliquait en me disant que je devais comprendre car « comme Violette, tu es intelligent »…

Elle m'a dédié un poème, « Train pour Versailles », paru dans *La Portentule*. J'ai fait de longs séjours chez elle. J'ai aimé un grand nombre de ses écrits. Je me suis passionné pour sa traduction de poèmes hippies qu'elle avait rapportés de Londres, en 1970. Parmi ces poèmes me reste toujours en mémoire : « Parmi les rouquins qui puaient l'oignon, elle mangeait exquisément son bol de soupe, la jeune fille anglaise bien élevée, puis elle s'est enfuie exquisément terrorisée d'avoir donné son appétit en spectacle, comment osera-t-elle le soir venu ôter sa culotte, supposons que prête à toute éventualité, elle n'en ait point mis ce matin, est-ce là ce que nous pouvions espérer ? »

Avec *C'est moi Diego*, j'ai eu un peu de mal à rentrer dans ses poèmes. Sans doute cette poésie contemporaine ne m'était-elle guère familière à cette époque. Certains textes m'ont, en revanche, immédiatement séduit, notamment celui très émouvant consacré à André Breton : « On se repère dans Paris grâce à André Breton... allons André, André aux Batignolles. » Pendant ces huit années, j'ai partagé bon nombre de coups de cœur et de coups de gueule de Thérèse. Ainsi, au printemps 1973, Thérèse découvre *L'Anti-Œdipe* de Gilles Deleuze et Félix Guattari. Elle s'emballe pour ce livre, elle intime à ses amis de le lire de toute urgence. Elle écrit à Deleuze qui ne lui répond pas sur le champ. Un comble ! Il finit par lui expliquer qu'il est très occupé par les directions de thèses et autres sollicitations et conclut : « Vous me faites une scène ! » Il lui propose un rendez-vous. Ils se rencontrent. Il écoute beaucoup Thérèse et lui susurre : « Votre conversation est un enchantement ! »

À l'automne 1973 sort le troisième volet de l'autobiographie de Violette, *La Chasse à l'amour*. Grandiose colère de Thérèse que je vois à Paris quelques jours après sa parution. Je la retrouve dans un bar de Saint-Germain-des-Prés. Très vite elle me lance : « La salope ! », et m'apostrophe : « Tu as lu ce qu'elle écrit sur moi ? » Bien sûr, je me suis précipité sur *La Chasse à l'amour* – et notamment sur les quelques lignes où Violette évoque sa rencontre avec Thérèse. Violette, avec la malice dont elle était assez coutumière, écrit : « Les amis de nos amis sont parfois nos amis. » Roublarde, Violette évite ainsi de dire que c'est par l'intermédiaire de Simone de Beauvoir qu'elles se sont connues. Thérèse a rencontré Simone de Beauvoir après la sortie du *Deuxième Sexe*. Thérèse lui avait écrit pour lui faire part de son admiration. Simone de Beauvoir et

Thérèse ont ensuite échangé régulièrement de longues et belles lettres que j'ai pu lire. Elles se voyaient aussi lors des séjours de Thérèse à Paris. Simone de Beauvoir avait encouragé Thérèse à écrire et à se faire éditer. Thérèse avait jusque là écrit *Les Anges diaboliques* (1945) et *Leçons de ténèbres* (1959). Deux romans dont elle n'était pas très fière. Je les ai lus et j'en ai aimé l'audace et le style décapant. Sans doute étaient-ils toutefois un peu confus et mal ficelés.

Lors d'un passage de Thérèse en 1957 à Paris, Simone de Beauvoir invite Thérèse à venir la voir chez elle, dans son studio rue Schœlcher, derrière le cimetière Montparnasse. Lors de la conversation, Thérèse dit qu'un livre actuellement ne la quitte plus, c'est *L'Affamée*. Simone de Beauvoir, n'en croyant pas ses oreilles, fait répéter à Thérèse ce qu'elle vient de lui dire, puis lui demande, rassurée d'avoir bien entendu, d'aller rendre visite à Violette actuellement en maison de repos pour grave dépression nerveuse à la maison de la Vallée-aux-Loups, à Chatenay-Malabry. Afin de gagner la confiance de Violette, Simone de Beauvoir lui donne un des exemplaires de luxe de *Thérèse et Isabelle*, qu'a fait imprimer l'industriel-mécène Jacques Guérin. Thérèse rend visite dès le lendemain à Violette qu'elle trouve dans un sinistre état psychologique. Elle se dit poursuivie par une foule d'inconnus à la solde d'elle ne sait qui, peut-être de Jacques Guérin, cet homosexuel qu'elle aime d'un amour fou. Thérèse l'invite à venir se reposer quelque temps à Marseille. « Je deviens vite insupportable, admettons, je prends tous les torts », dit Violette dans *La Chasse à l'amour*. Thérèse confirme qu'en effet ce fut difficile… Violette se plaignait toujours que Simone de Beauvoir ne lui écrivît pas aussi souvent qu'elle l'aurait souhaité : « Elle ne m'a pas écrit… », gémissait-elle. Thérèse, alors institutrice pour élèves « inadaptés », a été en retard tous les jours à l'école à cause de Violette qui faisait tout pour la retenir. « J'ai même été obligée de lui faire un lavement »… Ce qui est exact, c'est que c'est bien une Thérèse excédée qui l'« expédie » chez sa mère à Faucon. Violette a un coup de foudre pour ce village. Elle en parle merveilleusement dans *La Bâtarde* et dans *La Chasse à l'amour*. Elle est dans un premier temps accueillie par la mère de Thérèse, ancienne directrice d'école, une dame originale au caractère bien trempé, qu'elle nomme Émilie dans *La Chasse à l'amour* : « Émilie adorait Georgette, Georgette adorait Émilie, elles déraillaient à l'unisson. » Pourquoi avoir appelé Thérèse « Georgette » ? Pourquoi avoir encore nié qu'elle était écrivaine ? Pourquoi ne pas avoir reconnu qu'elle l'avait aidée ? « La salope ! », me répéta encore plusieurs fois Thérèse.

Les relations de Thérèse avec ses éditeurs ont toujours été houleuses. Elle n'hésitait pas à leur écrire des lettres véhémentes, voire injurieuses. Elle s'est fâchée en 1971 avec Jean Breton des éditions Saint-Germain-des-Prés, à propos de *C'est moi Diego*. Sa relation avec Pierre-Jean Oswald démarre pourtant sous les meilleurs auspices. Lui, il l'a comprise, dit-elle. Il publie donc, avec une belle préface de Jean Rousselot, *Jusqu'à ce que l'enfer gèle*, qui me plaît davantage que *C'est moi Diego*. Sans doute suis-je rentré dans le monde de Thérèse. Son énergie, sa fougue, me transportent. Le titre, magnifique, est emprunté à un slogan de syndicalistes américains datant de la crise de 1929 : « Lutter jusqu'à ce que l'enfer gèle ». Très vite, Thérèse se dispute avec Pierre-Jean Oswald. Sans doute lui reproche-t-elle de ne pas assurer la promotion de cet

« enfer ». Le pire est atteint lorsque Pierre-Jean Oswald édite un catalogue avec une énorme coquille dans son nom : « Thérèse Plantrier ». S'ensuit une correspondance que j'ai lue à propos de ce « r » parasite. Thérèse appelant l'éditeur tantôt « Osrald », tantôt « Oskald »… Pierre-Jean Oswald lui rétorquant en présentant ses « condoléances à ce pauvre monsieur Plantrier » et finissant une ultime lettre par : « Madame Plantrier, vous commencez à m'emmerder ! » Elle repart alors chez les « adorables frères Breton » pour *Omerta* ou *La Loi du silence*, puis *La Portentule* et *Mémoires inférieurs*.

Nous sommes en avril 1974. Thérèse retrouve une amie d'enfance, Yanne Comiti, agrégée de philosophie, mariée à un diplomate norvégien, sœur d'un certain Joseph Comiti, député et ministre gaulliste. Et femme charmante par ailleurs. C'est encore un paradoxe chez Thérèse de fréquenter des personnes si éloignées idéologiquement d'elle et qu'elle caractérisait par ailleurs volontiers de « crapules », « canailles » ou « ordures ». Elle justifiait ce choix d'amitié en disant que Yanne et elle s'étaient connues « pucelles » dans un lycée à Marseille. Leurs relations n'étaient pas de tout repos. J'ai assisté à des échanges musclés. Elle partit en voyage en Israël avec Yanne et Denise Lecanuet, femme du ministre Jean Lecanuet. Elle se fâcha rapidement avec Denise Lecanuet, « insupportable », qui disait chez tous les commerçants qu'elle était l'épouse de Jean, ce qui lui permettait de ne pas payer…

Dans ses rencontres de ces années-là, il y eut celle de Jack Thieuloy, écrivain-voyageur, qu'elle avait vu en pleine ébullition dans une émission littéraire à la télévision, alors qu'il s'en prenait au racket exercé par les éditeurs. Il venait d'écrire *Le Bible d'Amérique* chez

Grasset. Le livre rencontrait, après *L'Inde des grands chemins*, un succès d'estime. Un livre qui séduit Thérèse autant que le bonhomme, sorte d'anarchiste, agitateur, toujours dans la provocation. Thérèse fut dans un premier temps fascinée par l'individu qui reçut l'Anti-Goncourt avec un chèque en bois de 5 000 francs de Jean-Edern Hallier. Thieuloy se retrouva en prison à la Santé en 1976 après avoir mis le feu au paillasson de Françoise Mallet-Joris, membre du Goncourt. Thérèse adorait ce « bordel ». Elle devait pourtant se fâcher rapidement avec lui, après, m'a-t-il écrit, « un séjour troublant » à Faucon.

Il fallait suivre Thérèse quand elle avait décidé de « déconner ». Je me souviens d'un épisode chez *Lipp* où, reconnaissant Guy des Cars, elle lui envoya des miettes de pain pendant le repas. Le monsieur, surpris, se dirigea vers elle. Elle lui dit à voix haute : « Ce que vous écrivez est de la merde. » Nous partons dans un certain tumulte. Elle décide d'aller voir un film d'anthologie du porno homo américain. Elle hurle dans la salle : « Que de laitances ! » Nous repartons en dérangeant le maximum de monde. Toutes les sorties avec Thérèse présentaient un risque. J'aimais cela. Quand elle ne pouvait assister à certaines soirées, elle me demandait d'y aller pour lui en rendre compte. C'est ainsi que je me suis retrouvé dans une soirée du FHAR (Front Homosexuel d'Action Révolutionnaire), en mai 1973, à la sortie de *Trois millions de pervers*, numéro d'une revue vite censuré, et qui avait comme rédacteurs, entre autres, Sartre, Beauvoir, Genet et Deleuze. Deleuze devait, lors de cette soirée aux Beaux-Arts, présenter la revue ainsi que *L'Anti-Œdipe*. Une bande de « gazolines-pédés » empêcha Deleuze, pourtant pas impressionné par ces « terroristes », de s'exprimer. Une soirée inoubliable, émaillée de slogans hurlés : « Vive les Arabes et leurs grosses queues ! », « À bas les hétéroflics ! », avec, comme cheffe de la bande, la future Hélène Hazera.

Été 1978, Thérèse va mal. Sa relation avec son mari, Michel Estivalet, est sur le point de finir dans la douleur. Elle me propose de venir la voir à Faucon. Je descends début juillet. À peine arrivé en gare d'Orange, Thérèse me raconte : tout a commencé au printemps à son retour de Paris. Michel lui a dit qu'il souhaitait retrouver une certaine liberté. Bref, qu'il n'en pouvait plus de son assujettissement à Thérèse. Thérèse a pensé qu'il avait trouvé une autre femme. J'ai appris qu'elle avait passé de longues semaines à l'attendre le soir, à le chercher dans les bars de Vaison, à le pister en voiture. C'était pathétique. « Elle nous faisait mal au cœur », m'a dit la serveuse d'un bar de Vaison. Nous tombons sur Michel un soir, qui essaye de discuter gentiment avec elle. Elle est trop malheureuse pour l'écouter. Le lendemain il vient la voir, pour « vider ses couilles », me dit-elle. Pour ne rien simplifier, elle a retrouvé son deuxième mari, Charles Pech, il y a quelques mois. Elle m'a écrit une lettre enflammée à ce sujet. Il est venu s'installer dans la région avec sa nouvelle épouse. Thérèse semble mesurer l'étendue de ses regrets. Il l'a beaucoup aimée et a beaucoup souffert à la séparation. Je rencontre ce monsieur adorable, prévenant, ne demandant qu'à aider Thérèse. Mais sa seconde femme, une sorte de cerbère, flaire le danger et met un terme à ces rencontres.

Thérèse entame finalement une procédure de divorce pendant l'été. Pourquoi avoir engagé un détective privé pour connaître les moindres faits et gestes de Michel ? Elle se sent déjà fort seule, abandonnée, vieille. Et en plus, il y a ce camping à tenir les mois d'été. Je lui suggère de faire un voyage sur un cargo à l'automne. Elle est tourmentée par ses rides. Pourquoi ne pas faire un lifting ? Traverser l'été a été difficile pour Thérèse. Ce fut aussi l'été de la réconciliation avec Daniel Depland que nous rencontrons un soir à la terrasse d'un bar de Vaison. Il écrit à Faucon « un gros bazar » qui allait devenir *Le Fossoyeur* l'année suivante chez Calmann-Lévy. Thérèse et Daniel ne savaient plus très bien s'ils étaient fâchés ou non. D'ailleurs, cela n'avait aucune importance. Nous nous livrons pendant quelques semaines avec Daniel à des excentricités dans les bars et fêtes de villages. Nous buvons beaucoup et nous nous tenons mal. « Faisons la fête ! », clamait Thérèse.

Thérèse partit donc sur un cargo de la Compagnie Générale Transatlantique pour l'Amérique du Sud, Argentine, Brésil où elle a passé la majeure partie de son temps à se perdre dans les *favelas*. Elle a dû souvent exaspérer l'équipage. Je reçus beaucoup de courrier qui le donne à penser. Elle revint plutôt en forme. La rupture géographique avait été bénéfique. Elle décida de passer par la chirurgie esthétique. Le résultat fut probant. Je pus le constater à Noël 1978.

C'est alors que Robin Morlot apparut dans l'existence de Thérèse. Robin était un garçon de 24 ans, vivant dans l'Est de la France, à Montbéliard, et travaillant chez Peugeot. Il a connu Thérèse à travers une revue poétique et lui a écrit. Il avait lui-même publié un recueil de poèmes. Thérèse, toujours très accueillante, l'invite. En descendant à Faucon, il dérape en voiture et se retrouve à l'hôpital de Valence. Nous allons le récupérer, Thérèse et moi. Thérèse le soigne, le cajole. Long garçon au visage christique, Robin trimbale un grand mal de vivre. Il devint l'amant de Thérèse pendant l'hiver. Plus question de repartir s'étioler dans les contrées froides. Thérèse a besoin d'une compagnie. Les débuts de la relation sont chaotiques. Quarante-quatre ans de différence d'âge. Toujours la volonté chez Thérèse de dominer. Enfin oublié l'Estivalet ! Le divorce est vite réglé.

Thérèse Plantier, son amie Loulou et Violette Leduc.
Faucon, camping de l'Ayguette, 9 août 1969.
(document obligeamment prêté par Carlo Jansiti).

L'été 1979 fut un peu celui de la renaissance pour Thérèse. Je suis descendu un mois et demi à Faucon, l'aidant dans la comptabilité et l'accueil du camping. D'autres amies très chères à Thérèse passent par là. Ainsi que mes propres amis. Les journées et nuits sont joyeuses. Les amoureux, Thérèse et Robin, partent courir la campagne en voiture. C'est à celui qui conduirait le plus vite et qui grillerait le maximum de stops et de feux rouges. J'étais mort d'inquiétude dès qu'il s'agissait de rentrer dans leur voiture. Ils ne supportaient pas ma conduite trop timorée, sans doute. Ils me parlaient souvent de leurs ébats amoureux. Thérèse avait découvert grâce à Robin qu'elle était « vaginale ». Elle s'était crue longtemps uniquement « clitoridienne ». Après une sieste coquine, j'ai vu Thérèse sortir triomphalement de la maison et m'annoncer : « Lui : un ; moi : deux. » Elle semblait revivre. Bien sûr des campeurs maladroits lui parlaient de son fils. Elle rétorquait en jubilant que ce n'était pas « [s]on fils » mais « [s]on grand-père »... – parfois elle parlait aussi de son amant. Bien sûr, il y eut des scènes... elle les aimait tant. Thérèse, terriblement jalouse et possessive, accusait Robin de regarder des femmes qui passaient par là. Il y eut une fugue de Robin. Elle était désespérée et resta couchée pendant deux jours. Elle retrouva Robin à Orange grâce à un détective privé ! Mais l'été se finit bien et j'eus beaucoup de peine à les quitter pour repartir à Paris.

L'été 1980 fut l'été de ma rupture avec Thérèse. L'atmosphère était tendue dès mon arrivée, début juillet, à Faucon. Au printemps, l'accouchement du *Discours du mâle, Logos Spermaticos* aux éditions Anthropos avait été douloureux. Elle se plaignait du manque de soin de l'édition, des coquilles multiples, et réclama une nouvelle impression qu'elle paya. L'éditeur était agacé par ses multiples récriminations. Elle critiquait ainsi le manque de promotion de cet essai, qu'elle avait mis beaucoup de temps à écrire et qui démolissait vertigineusement la domination masculine. Pour moi, le genre dans lequel Thérèse excellait était l'essai-pamphlet. J'ai hurlé de rire en lisant certains passages.

La relation Thérèse-Robin était devenue complètement fusionnelle. Ils ne pouvaient pas faire un pas l'un sans l'autre. Il approuvait toutes ses exactions. De jour en jour, je trouvais Thérèse de plus en plus tyrannique. Elle maltraitait verbalement les campeurs et les menaçait de « vendre le camping ». Elle était désagréable, voire agressive, avec mes amis passés me voir sur son invitation. De même reçut-elle Alice Colanis, une amie à elle, poétesse adorable, administratrice au Sénat, en lui disant : « Tu nous ennuies avec tes histoires du Tout-Paris-de-mon-cul. » Constamment elle me provoquait en me disant des horreurs sur Violette. J'eus la certitude qu'elle était extrêmement frustrée de ne pas avoir été reconnue en tant qu'écrivaine et du fait que, pour être éditée, elle avait dû avoir recours au compte d'auteur. Contrairement à Violette, dont elle ne supportait pas le très « vulgaire » succès. Elle reprochait aussi à Simone de Beauvoir de ne pas l'avoir aidée pour être éditée chez les « grands ». À ce sujet, l'écrivaine Françoise d'Eaubonne, dans *Une femme nommée Castor, mon amie Simone de Beauvoir* (L'Harmattan, 1986) parle de « l'increvable jalousie » de Thérèse vis-à-vis de Violette. Dans ce livre et à partir de quelques propos sibyllins de Thérèse, j'ai compris que Thérèse avait tenté, à cette époque, de renouer avec Simone de Beauvoir par l'intermédiaire de Françoise d'Eaubonne rencontrée lors d'une réunion contre le « racket des éditeurs » au printemps 1980. Une entreprise qui échoua car Thérèse eut la sottise de vouloir instrumentaliser Françoise d'Eaubonne, de tenir des propos fielleux sur Violette et de répandre un certain nombre de ragots dont celui que, selon Françoise d'Eaubonne, Simone de Beauvoir « buvait »… Françoise d'Eaubonne a par ailleurs toujours défendu bec et ongles

Violette pour laquelle elle éprouvait une profonde amitié. Et Violette le lui rendait bien.

De plus, Thérèse se montrait sous un jour extrêmement détestable : avare. Elle était financièrement très à l'aise. Elle avait fait des affaires juteuses dans l'immobilier… Je l'avais aidée tout l'été à tenir le camping. Je ne demandais rien. Sans doute pour ne pas avoir à me « dédommager », elle prit les devants en me faisant remarquer qu'elle m'avait « bien payé » en me nourrissant et m'accordant une chambre. Elle fit des comptes sordides. Trop, c'était trop ! Je partis précipitamment en lui disant pour une fois ses quatre vérités. Elle en était abasourdie. Moi aussi. Une lettre recommandée m'attendait à mon retour ! Une longue lettre où Robin et elle réitéraient les mêmes horreurs… J'ai longuement pensé qu'en se fâchant avec autant d'amis et d'autres personnes, Thérèse avait choisi de se replier sur elle-même. Elle ne voulait plus avoir auprès d'elle que son Robin.

Trois ans passèrent. Comment ai-je su qu'un ouvrage de Thérèse intitulé *Provence, ma haine* venait de sortir aux éditions Christian Pirot en 1983 ? Toujours est-il que je me suis empressé de le lire. Une fois encore je fus emballé par le ton pamphlétaire. Là encore, j'ai jubilé et ri en lisant certains passages. Savoureuse, sa visite chez le sous-préfet qui lui demande pourquoi on lui en veut tant pour la « persécuter » ainsi. L'ouvrage est très bien documenté. J'imagine les longues recherches que Thérèse a dû faire. Enthousiaste, je commande cinq exemplaires pour en faire cadeau à mes amis. Thérèse, de passage avec Robin chez Christian Pirot, dans le Berry, l'apprend. Elle m'écrit et me propose une sorte de réconciliation. Je réponds poliment, mais sans chaleur excessive. Finalement, après quelques lettres échangées, je devais revoir Thérèse et Robin à Faucon lors de l'été 1985, puis de nouveau en 1986. Ils s'étaient mariés à Marseille. Elle me sembla fatiguée, « allongée sur ses cendres » aurait dit Violette. Effectivement elle avait réussi à faire le vide autour d'elle. Le camping était désert. Robin était près du lit, comme un épagneul, à approuver de la tête tout ce que Thérèse disait. À la demande de Christian Pirot, Thérèse s'était lancée dans l'écriture d'une biographie de George Sand. Comme elle ne faisait jamais les choses à moitié, elle avait absolument lu tous les écrits de George Sand. Elle m'en parla comme si elle n'avait rien lu de plus nul, de plus ennuyeux. La biographie devint une fois encore un pamphlet, d'ailleurs croustillant, *George Sand, ou ces dames voyagent*, finalement édité aux Ateliers de création libertaire en 1986. Bien sûr, Christian Pirot ne pouvait pas éditer un brûlot aussi éloigné de sa demande. Elle se fâcha donc avec lui.

Toujours à l'été 1986, je rencontrai Carlo Jansiti, jeune journaliste italien, grand admirateur de Violette Leduc, qu'il n'avait pas connue. Il avait eu mes coordonnées par une universitaire italienne, auteure d'une thèse sur Violette Leduc et que j'avais croisée quelques mois auparavant. Je voulais bien l'aider pour une biographie sur Violette, je le dirigeai vers Thérèse. Ce qu'il fit. Il fit de même la connaissance de tous les amis de Violette. Notamment de Madeleine Castaing, la célèbre antiquaire parisienne et de Jacques Guérin, le protecteur mécène des débuts de Violette.

À l'automne 1987, je reçus une carte de Thérèse m'annonçant qu'elle avait quitté Faucon pour s'installer dans le Périgord noir. « Foin des sempiternelles disputes, viens me voir. » Un long coup de fil suivit, un soir. Carlo Jansiti était chez elle. Il parle de ce séjour dans sa remarquable biographie de Violette Leduc (Grasset, 1999). Ils m'incitent à venir. Je pars donc dans ce nouveau lieu de vie de Thérèse à l'été 1988.

Je retrouve un peu de ses emballements, de sa gaieté, de sa fougue : « Les gens sont très gentils ici, en Provence ce sont des monstres. » Robin, égal à lui-même, toujours aussi peu bavard, est tout à sa dévotion. Elle me parle longuement de ses nombreux projets d'écriture. Un soir, elle évoque avec une certaine bienveillance Violette. « Tu comprends, on peut lui pardonner car elle était si laide, avec sa grande bouche et ses yeux en trous de pine. » « Qu'est-ce qu'on a pu rire ensemble », reconnaît-elle. Jusque là, elle avait toujours nié l'humour de Violette que pourtant tous ceux qui l'avaient approchée reconnaissaient. Je le lui avais fait remarquer, elle me répondit : « Elle me privait alors. » Elle me parle ce soir-là de sa prose poétique « magnifique ». Au fond, elle avait toujours eu une grande admiration pour l'écrivaine et restait fascinée par le personnage. Elle égrène ainsi de nombreux souvenirs : les mémorables parties de cartes (Violette n'aimait pas perdre et suppliait Thérèse à genoux !), les services que Violette demandait à Thérèse : plaider sa cause auprès du fameux René, ce maçon qui lui avait fait connaître son premier orgasme à plus de cinquante ans, supplier Madeleine Castaing de mettre dans la vitrine de son célèbre magasin d'antiquités, rue Jacob, quelques pierres ramassées par Violette lors de son escapade à Saint-Cirq Lapopie, dans la vallée du Lot, à la rencontre d'André Breton. Violette raconte cet épisode dans *La Chasse à l'amour*. Michel Estivalet, le troisième mari, m'a souvent dit que Thérèse était « à genoux » devant Violette. Les imitations de Violette par Thérèse étaient succulentes. Elle prenait une voix grave et traînarde. « Un… homme… qui… jouit… c'est… un… petit… Jésus. » Et d'ajouter : « Dans quelle poubelle littéraire a-t-elle trouvé cela ? »

Le champagne aidant, nous passâmes une nuit à papoter et à rire. Thérèse redevenait, au fur et à mesure, la petite fille que j'avais connue auparavant. Elle ne voulait plus me laisser partir.

Je reçus en 1989 un coup de fil de Robin, désespéré. Thérèse allait très mal, elle était hospitalisée. Il m'apprit alors qu'un cancer avait été diagnostiqué à Avignon deux ans auparavant. Robin avait demandé aux médecins de ne pas pratiquer d'acharnement thérapeutique. Le cancer donc se généralisait. Après leur déménagement, Thérèse, à nouveau malade, ne ressortira pas de son hospitalisation dans leur nouvelle région. Je lui téléphonais. Elle semblait absente, ailleurs. J'ai essayé plusieurs fois d'entretenir une conversation. En vain. La dernière fois, elle me répéta inlassablement : « J'ai de maigres bras, comme Violette. » Robin m'annonça quelques mois plus tard, en juillet 1990, que Thérèse était morte. Il lui rendait visite une fois par semaine. Elle ne voulait plus parler. Robin avait depuis retrouvé une compagne. Ce dimanche de juillet, je n'ai pas réussi à me lever de mon lit. Une amie qui avait bien connu Thérèse est venue me voir le soir. Nous avons parlé de Thérèse toute la nuit.

Un coup de fil d'Alice Colanis à l'été 1991 : Robin s'est suicidé. Alice me met en relation avec la dernière compagne de Robin afin de rassembler la correspondance de Thérèse, et plus précisément celle avec Simone de Beauvoir. La compagne m'explique que Robin avait bien préparé son suicide. Il avait mis un costume du dimanche, s'était allongé sur le lit et s'était tiré une balle dans la tête. La compagne n'avait rien vu venir.

La vie de Robin sans Thérèse n'avait décidément plus de sens.

Jean-Claude Arrougé

« À Faucon avec Marga, la dernière femme de Panaït Istrati, et Christian Golfetto, qui va publier mon testament, et avec lequel Robin et moi venons de passer deux jours et deux nuits à nous cuiter comme des Polonais ou des Roumains. » (Écrit par Thérèse Plantier au dos de la photo). 1988.

Alain Bosquet

Préface à
« Je ne regrette pas le Père Ubu »

    Au milieu des intellectualismes exsangues et des cheveux coupés en seize, Thérèse Plantier est à peu près la seule aujourd'hui, à mordre dans la vie et à se bagarrer avec la mort. Sa poésie est une affaire de règlement de compte avec elle-même, sa peau, son squelette et son regard intérieur. Elle ne pardonne rien. La fleur bleue, tantôt elle l'écrase par un jet de salive, tantôt elle la recueille avec des soins infinis pour en faire une sorte d'amie désincarnée : entre ses mois trop multiples, on est toujours seule, n'est-ce pas ?
    Elle écrit avec sa chair, dans la sueur des hommes. Ses verbes, comme jadis, attendent leur légionnaire, chère Damia. Elle se cogne à sa propre image. Elle a des sueurs froides et des baisers qui guillotinent. Les poèmes aussi possèdent des muscles, des torsades, des langueurs : une gifle suffit, pour qu'on revienne au réel. Elle se crie, elle se tait, elle se pense ou sur les toits ou dans les caves, c'est dire qu'elle est présente au monde avec ses légumes, ses robes, ses factures… L'absolu aussi, il faut le payer et le coût de l'immortalité augmente. Elle écrit : « J'aime tuer, susurre-t-il, j'aime mourir, lui répond-elle ».

Elle écrit encore : « Au travers du cœur je me suis tiré une balle / je me suis ratée si j'en crois ce que disent les voisins ».

Tout est fatal avec Thérèse Plantier. Tout est essentiel dans ce qu'elle nous impose. Un être est là à nous boxer et à déranger la ville, le trottoir, le marché aux puces et l'hôtel à quatre étoiles. Thérèse Plantier est inévitable comme un sternum : on sait que le cœur, les poumons et les tripes s'y donnent rendez-vous. Cela n'empêche pas les soupirs rauques de l'âme.

Alain BOSQUET, 1988

.

Loulou, Marie-Christine Brière et Thérèse Plantier à Faucon. 1975.

Marie-Christine Brière

Thérèse Plantier : Vivre en poésie

Il nous faut dans un monde où nous n'existons que passées sous silence, au propre dans la réalité sociale, au figuré dans les livres, il nous faut donc, que cela nous plaise ou non, nous constituer nous-mêmes, sortir comme de nulle part, être nos propres légendes dans notre vie même...

Monique WITTIG, avant-note à *La Passion* de Djuna Barnes.

À nous, femmes, de faire ce que l'un d'entre eux recommande, Lyotard : « L'événement ne peut être posé ailleurs que dans l'espace vacant ouvert par le désir. »

Thérèse PLANTIER, *Logos Spermaticos*.

VIVRE EN POÉSIE

Dans son recueil *La Loi du silence*, Thérèse Plantier tente une aventure dont elle explique la teneur en quatrième de couverture : en page de gauche la prose qui « dans une sorte de narration balbutiée remplit nos espaces », en page de droite, le poème, espace « qu'élargit d'un coup l'irruption verbale poétique ». Dans le déroulement de la prose, une histoire parfois se glisse (cf. *L'Arménien*), sertie d'images, de mots inventés, lissés et polis, le tohu-bohu d'un poème éclaté. En page de droite, le poème de haute mer se tient – évoquant, par exemple, Camille, l'homme aimé dans sa jeunesse. Tout s'interpénètre, en fait… L'entreprise n'est pas forcément convaincante. C'est un peu l'image de la vie auprès de Thérèse, tout ne faisait qu'un avec le poème. Le pouvoir d'attraction immense de Thérèse Plantier vient aussi de là. Au cours de sa préface à *Je ne regrette pas le Père Ubu*, Alain Bosquet parle de mordre, d'écraser, de boxer, il évoque la sueur, la chair, les poumons. Pensée incarnée. Parfois à toute allure. Dans son poème et dans sa vie, Thérèse vous emmène et brusquement un virage vous expulse, soustrait le paysage à votre vue, un peu plus loin on reprend son souffle. Alain Bosquet ajoute : « Elle ne pardonne rien. » S'agit-il d'elle ou de sa poésie ? Des deux.

> Ta voix contient une veilleuse glacée
> qui
> te permet de circuler sans honte
> dans la matière et dans l'eau et dans les songes
> à égale distance
> de la vie et de la mort   CE 30

Très peu de poètes imbriquent à ce point la vie et le texte, c'est parfois abrupt et de ce choc pointent puis émergent tout soudain votre intimité, vos instants à vous. Le pouvoir généralisant demeure mais un détail, un nom, une aventure forment l'adobe de ses murs ; cette pierre était d'un perron – elle la place au poulailler. Ce lambris faisait ruine – c'est un morceau de voûte. « Mais c'est de nous qu'elle parle ? » Pas de clé ni de maquillage hypocrite, c'est scellé, l'anecdotique n'a pas fondu, elle vous le donne, rehaussé en grand fracas ou éclairé d'aube pâle.

Parfois, c'était Cendrars crapahutant les garrigues en place de ports ou de steppes, elle ne cessait de partir avec ses engins à fuir la destruction humaine – passion de l'automobile – jusqu'à tomber à l'arrivée nez à nez avec une « horreur » vibrante : Hong-Kong, Versailles, Israël, Sénégal, Athènes, États-Unis, Portugal…

Les poèmes fusent aussi : là le jugement abrasif et l'humour tendre, partout l'irrévérence absolue, le désir et son anéantissement. Des images sans images. D'autres, grandioses :

> et la Tortue Cosmique immobile dans sa casquette
> s'est endormie à l'instant
> où s'ouvraient les portes de l'éternel   CE 41

Dans un quotidien hoquetant d'histoires drôles, pathétique d'actualités terribles, il y a beaucoup d'hommes et de femmes sublimes, maltraités. Rolande, Père Haller de Crimée, Camille « taureau ailé », Nerthe, Roselyne, Anna, Casimir, Maïtena, Rosario, Aldo… Ses derniers poèmes évoquent en leur disant adieu celles et ceux qu'elle aimait. Adieux souriants mais intransigeants.

> Il ne manquait plus que cela
> pour me mettre aux arrêts de rigueur   JNRPLPU 62

> Les esprits bourreaux ont volé mon nom
> ils ont aspiré mon corps
> ils ont violé ma mort   ST 27

*

L'âne Soda, Thérèse Plantier, une amie et Anne Teyssiéras, poète, avec les chiens Shanti et Rex. L'Ayguette, date inconnue.

Thérèse vivait avec les animaux. Elle les admirait, les regardait, les nourrissait. Ses amis ont connu ses chiens Rex et Shanti la noire (deux poèmes au moins lui sont dédiés), son chat siamois Pouny, ses canes et ses poules protégées l'été par un parasol. Beaucoup de bêtes aimées dans sa poésie : renards, loups, chevaux…

> Le seul renard qu'ils n'aient pas tué me crie
> existe existe existe
> encore un peu
> chaque minuit il jappe sous ma fenêtre
> parce qu'il me plaint
> il sait lui mon enfant
> que je lui cuis sa soupe   ST 10

Défenseuse des animaux bêtifiant sur les bêtes ? Non, il s'agissait d'un amour total, respectueux, grave. Sans aucune posture elle faisait aimer les animaux. Je reviendrai sur eux plus loin.

> Je ne me reconnais nulle part
> surtout pas dans l'histoire des hommes
> et des femmes
> mais seulement en celle
> interdite aux animaux   MI 217

Me voilà remontée aux belles années 70. Je dis parfois que « je suis née en 68 » – quitte à porter l'étiquette de l'âge autant porter celle de 68, d'avant les codes-barres et les clés retirées des portes d'entrée. Dès notre rencontre : la poésie, le langage, les femmes, les parcours. Dès le début le rire avec Thérèse, la colère de Thérèse (que d'ennemis ! que d'amis ! amis-ennemis, ennemis-amis). Et puis, bien entendu, le pays.

*

Dans sa maison du camping de l'Ayguette entre Vaison-la-Romaine et Faucon, livres, amis, campeurs, mari, visiteurs, poètes, amoureuses et amoureux vivaient des moments de bonheur total. La lecture, l'écriture, la cuisine, les randonnées, Thérèse ne séparait rien. Sur les marches d'un escalier ciré conduisant à sa bibliothèque, Derrida côtoyait Kafka, Wittgenstein les linguistes, la poésie la philosophie. De ma vie je n'ai connu quelqu'une abonnée à tant de revues de poésie et de journaux… et lisant tout !

Ouverts sur un buffet et un lutrin, des cahiers laissaient voir le poème en cours d'écriture, son journal de bord. Elle lisait des passages, on pouvait intervenir.

Dire l'ambiance ? Une casserole murmure là-bas dans la cuisine, une main passe dans un placard, on grignote, on boit, on discute. Thérèse commente Hegel, familièrement. Sous la piscine, les polars jaunes et noirs fleurent l'été dans une minuscule chambrette – il y en a partout des chambrettes en Provence, j'en ai vu en pleine restanque. Maisons, piscines, camping bâtis par Michel, le troisième mari, sensible et discret comme un chat (mais il y eut des tornades sur la fin). Au fond du jardin, dans la cabane destinée autrefois aux ânes, on lit Panaït Istrati, Daniel Defoe (« Ces chers Anglais ! » disait Thérèse), Salvatore Satta, Octave Mirbeau, André de Richaud.

La colère montait d'un coup, sainte colère parfois mais dévastatrice, de celles avec des gestes, bouquets de fleurs jetés traversant la route, gigot passant par la fenêtre (car mal choisi : ce n'était « que du broutard ! »). Le lendemain, autour d'un aïoli préparé de ses mains toute une journée, la fête provençale n'en finissait pas sous le mûrier, entrecoupée de l'apparition d'un campeur dont Thérèse imitait ensuite l'accent belge ou luxembourgeois : « Nous-ous ffoudrions ppéééé yeeer. »

J'ai vu Thérèse Plantier arpenter Montségur et Montaillou de fond en comble, le volume de Le Roy Ladurie en main. Colères érudites, rires salvateurs. Elle travaillait alors à son imposante étude, *Le Discours du mâle - Logos Spermaticos*, publiée chez Anthropos en 1980 dans lequel elle dénonce, met à nu la domination de l'homme sur la femme, troussant et détroussant les théories en vogue, ferraillant en tous sens y compris contre des œuvres féministes (Kate Millet, Simone de Beauvoir) avec des exemples tirés, extirpés de sa vie la plus chaude, la plus pantelante. Toujours elle a débusqué supercheries et impostures dans ce style pétri d'anecdotes osées si personnelles et de généreuses drôleries. Sans perdre un instant une haute exigence morale. C'est pourquoi on l'a traitée de folle, on a voulu la faire taire, et ses œuvres ne se trouvent pas en librairie. En 2012, *Reflets dans un œil d'homme*, de Nancy Huston[1], paraît bien terne à côté du *Logos*, entaché d'un retour en arrière à propos de la « nécessaire » séduction juponnante femme-homme, même si le problème de la maternité semble frappé au coin du bon sens…

L'un de ses poèmes intitulé « Harakiri » relate sous forme d'histoire marseillaise terrible et cocasse à la fois la destinée d'une femme. On pense aux surréalistes qu'elle avait approchés, mais cette poésie-là sort tout entière du personnage Plantier, une fanfare à un seul cuivre, une voix humaine sans concession, ni à Dieu ni à la mort saluée, et qui dit la souffrance des femmes.

Sa bataille pour la justice figure explicitement dans de nombreux poèmes d'un lyrisme contenu et vibrant, une de ses marques :

> Rien ne se répare sinon les mots
> s'il n'y avait pas les mots
> il n'y aurait que la mort
> mots anti-mort mort anti-mots
> rien ne se creuse sinon le lit
> où coule l'eau torturée
> chaque goutte perdant la vie
> en touchant la goutte suivante
> et ainsi et ainsi dans le fleuve des mots
> qui se nomme Histoire   CMD 107

et puis :

facteur
ton mort du matin
as-tu découvert sa maison
on se fout pas mal que
réparation soit due aux peuples   CMD 85

et dans *C'est moi Diego* :

il n'y a que des transferts
jamais de justice
à moins que la douleur ne soit une justice
dans ce cas
plus besoin de mots   CMD 107

Colère de *Provence, ma haine*[2]. Thérèse Plantier a vécu plus de quatre décennies à Faucon. Provençale née à Nîmes, elle aimait ce pays. Mais à la fin, elle y vivait en assiégée. Des ennemis partout. Elle y mettait du sien, mais le Provençal est âpre. Entourée d'amis proches ou lointains, avec le pays les contacts furent parfois dévastateurs. Ces combats se passaient plus haut, à hauteur des dieux. Il faut lire *Provence, ma haine*, les croquis virulents des marchés, la recherche des raisins perdus de Blauvac – où elle repose auprès de sa nièce (page si proche de l'offrande des raisins noirs dans *La douleur* de Richaud). La folie viticole détruisant le Plan de Dieu anéanti par le sécateur pneumatique et les pesticides plus encore que par les résidences secondaires. Une lutte du Haut et du Bas à la Giono. Avec un ton plus naturellement implacable.

Il faut voir les hordes parcourant le Comtat, la rose des 33 vents ; mais aussi les trois extases de Thérèse (le *Requiem* de Mozart, la Porte du Paradis de Ghiberti à Florence, le Testament de Sade). Un livre aux antipodes des clichés et mièvreries d'un Peter Mayle par exemple.

Au Cercle des poètes d'Orange avec Claire Lesur, Rosario, Josèphe, l'humour guidait la conférence, les poètes choisis étaient originaux. Oui, elle avait beaucoup d'amis, mais le pays… ah, le pays…

Elle assure : « Ma sympathie pour l'honnêteté et le courage jetés au brasier ne faiblit pas. »

Colère, révolte, rire, tendresse, un calme inquiétant ombrageait parfois ses yeux – du même bleu intense que ceux de Giono sur les photographies, et cet apaisement d'un instant dévoilait un coin des sentiments plus profonds, comme dans ce poème, *Le Promeneur* :

> Je savais qu'il passait
> aux traces qu'il laissait
> il revenait souvent
> je ne l'entendais pas
> mon chien n'aboyait pas
> les chênes se taisaient
> je savais qu'il passait
> au silence du vent
> à la pâleur des pierres
> aux distances accrues
> aux feux qui s'éteignaient   CE 24

On l'aura compris, cette femme était tout sauf régionaliste. Cependant, c'est ici qu'elle aimait vivre, dans ce Comtat objet d'extrêmes attentions. Lieux secrets, chênes sous la lune, combes secrètes du Ventoux. Maison et table ouvertes, amis campeurs, amis poètes, artistes et mélomanes en canotier (Orange n'est pas loin). Un par un elle PLANTAIT des arbrisseaux dans les collines, piochon en main. Un énorme dossier de cour d'assises fut déposé en préfecture : elle y demandait simplement la pose d'un panneau interdisant les coups de klaxon devant le camping, pour préserver le calme…

Est-ce typique de la Provence ? Une amie de Christiane Rochefort me racontait que celle-ci ayant acheté une maison en Bretagne, les habitants ne cessaient les nuisances : elle vivait d'un rythme différent et venait d'ailleurs.

Nyons ? Le Crestet ? VOUais c'est par là. Ah ? Vous voulez voir la vue ? Ah non, c'est pas ici, bon, nous on va donner à manger aux poules – mets-le leur en tas sinon elles auront des cailloux dans le gésier, au-revoir Monsieur, au plaisir (et souvent des mots moins aimables).

Mais voilà Faucon qui allume ses lanternes nocturnes :

« LES SEPT LUMIÈRES »

> Chaque nuit je discerne mieux pourquoi
> me guettent les sept lumières
> embusquées entre le ciel déserté et la terre indiscernable
> et qu'elles seules ont le droit de me tenir à l'œil   LP 46

Ce matin en épluchant des blettes – elle cuisinait comme personne – elle commente Hjelmslev, explique. Vivante, très pédagogue, de la bonne pédagogie de grande dame qui vit (Giovanna Marini pour le chant a cet enseignement chaleureux). La source (l'Ayguette) frétille en douceur dans les silences. La maison aux volets mauves – costaude, le mari maçon, Michel, est passé par là – entrouvre son ombre sur des tableaux d'amis : Christian Maillet, Camille Planet, Marc Pessin, Claude Moser… Il semble que tout commence ici dans ces collines, comme une ville « carrelée de cris d'or et de hosannas », un vers qui me trotte souvent dans la tête.

Le Comtat de l'été, brûlant, baroque, « noir de soleil » (Pierre Bourgeade écrivit son roman, *Les serpents*[3], à partir de ces trois mots de Camus) inspire l'écriture, gonfle d'énergie de vivre, vivre en poésie :

> Car mon pays n'en finit plus on y trouve du bleu
> et encore du bleu
> la peau de mon pays colle à son bleu
>
> personne ne s'y aventure sans se perdre à l'ouest
> parmi les dunes de petits crânes rouillés
> auxquels adhèrent encore veines et bélemnites   CMD 119

Elle m'a fait découvrir un Avignon hivernal vide, ses rues élargies, ses maisons coloniales cachées avec les magnolias et les balustres. Des routes à peine carrossables, des chutes de pierres aux flancs du Ventoux. Par des terres invisibles, là où il n'y a rien, Thérèse Plantier force les sources, les vents se mettent à mugir :

> Ouvèze
>
> Métal forgé par les arbres
> rivière rivière
> dans ton creuset coule ce qu'a fondu le ciel
>
> il est si bruyant le travail des arbres et de l'air dans la rivière
> que j'entendrais ce que j'ai toujours voulu entendre
> s'il se taisait   *ibid.*

Rêveries capitalistes dans le Rome-Calais :

> j'achèterai le Rhône
> tout vif
> aux rives balisées de mes Majuscules Pourpres   CMD 19

De la dévastation ambiante elle a empli ses livres, gourmande de tout mais studieuse.

> Tes soupirs sont des ordres
> tes murmures crient
> dans les angles des pièces   CE 42

Ces aspérités et ces coups de burin m'emportent beaucoup plus loin que certains poèmes aphoristiques du très célèbre poète officiel du Vaucluse.

Et elle l'a quitté, l'Ayguette, le Comtat : oh bien amaigrie, malade, deux ans avant de mourir en Périgord où elle partit avec ses vingt armoires, Robin le quatrième époux qui la soignait nuit et jour, ses livres si précieux…

« J'invente mes règles personnelles par goût de la plaisanterie. Il m'ennuierait de cocoriquer sur les tas de fumiers ambiants. » Une vraie Comtadine à poings nus.

Elle et son miel

« Une cacophonie essentielle »

On reconnaît aisément le style plantiérain : dans chacun de ses poèmes se manifeste sa véhémence humoristique, sa présence. Elle ne fait qu'un avec sa poésie : on entend sa voix, son rire, on sent les yeux derrière nous qui attendent je ne sais quelle question, quelle remarque. Née quelques années avant Dada (en 1911) et le surréalisme, elle a côtoyé ses poètes, ses peintres : Ernst, Breton, Man Ray. Chez elle se trouvait cet objet étrange : « la boîte à Nerthe ». Elle avait tout lu et connaissait la poésie comme peu de poètes. Elle aimait Benjamin Péret. Son surréalisme était tout personnel mais on peut trouver des filiations avec la fantaisie de Desnos, le jeu des automatismes de B. Péret, la violence de Daumal, et surtout l'inspiration biographique au cours du poème passant du somptueux au quotidien dans l'œuvre de Joyce Mansour. De Thérèse :

> Il s'est brisé le sexe de cristal
> que je portais en mon centre
> très gros tout petit
> tout vibrant tout infantile   LP 93

Aux visions oniriques fulgurantes tel cet arbre frémissant préhistorique :

> Cette queue de la bête emprisonnée sous terre, l'arbre […]
> leurs dents renaissent du roc spongieux compénétré
> d'autres maxillaires   MI 159

succède un tableau où Thérèse Plantier mêle hardiment le vocabulaire familier à son goût des mots rares élus pour le son :

> tu promènes ta tige décapitée
> par où la chélidoine
> hante les songes du chrysobéryl   MI 210

Andrea Zanzotto (*Mille langages*) s'exclame : « Eh oui, oui tout ce que nous possédons sans le savoir / et avons oublié / mais qui est bien nôtre et de toute la foule sans fin qui est en nous[4]. » Cette habitation inconsciente, Thérèse Plantier la donne ; présences humaines dans paysages surréels :

> Il n'est venu que toi dans mon sommeil
> couronné de murs
> bien que la houle ait rongé les jetées   MI 174

Il y a de vrais combats, de fracassantes batailles, un tumulte dans cette « cacophonie essentielle », notamment dans *C'est moi Diego* :

> le troupeau tout ensemble mercuriel cadoricin
> dresse dans l'écrin ocre ses fibules têtues.   CMD 67

Mais entre deux poèmes épico-surréalistes, voici le poème de l'accalmie, tout imprégné de sa vie, où les mots sonnent si justes et si confiants.

Lire dans *C'est moi Diego* les poèmes : « Faucon », p. 50 ; « Tu dors », p. 61 ; « Méditerranée », p. 159 ; « Il y a toujours », p. 13 ; « En pleine herbe », p. 48 ; « À Camille Planet », p. 76, etc.

*

En avant-propos de ce dernier recueil, elle évoque George Orwell, la « novlangue » et l'« assassinat mental », à propos duquel elle affirme qu'Orwell en tant qu'homme n'avait pas pensé que cet assassinat avait pu déjà être perpétré dans l'Histoire, et que revenait aux femmes de chercher l'autre langage. Elle pensait « logos », n'ayant jamais accordé d'intérêt à la polémique rebattue « les hommes écrivent-ils différemment des femmes ? ». Elle posait le problème plus en profondeur, et passait par la folie (« s'il est un Fou c'est bien la femme »). Je reviendrai plus loin sur cet aspect auquel elle consacre une œuvre, *Logos Spermaticos*.

Bien avant cette étude (publiée en 1980 par Anthropos), les femmes sont omniprésentes dans la poésie de Thérèse Plantier, présentes en tant que sujets, s'écartant sur ce point de la misogynie plus ou moins mal camouflée des Surréalistes :

Figées dans le parterre avec les roses
des crocus et les immortelles-à-bractées
nous faisons nous les femmes
fleurs de tous nos souffles   MI 170

Qu'il est bon dans tous ses recueils de rencontrer les adjectifs au féminin, les sujets-sujets, les personnages femmes : Elle, Ève, Jeannette, Rosario, Yanne… ce qui n'exclut pas du tout les hommes très présents dans l'univers plantiérain. Marseille, la ville de son adolescence, nous vaut une belle allégorie : « Marseille en rhodoïd aux seins grenats ».

Les hommes sont des peintres, les hommes sont mariés, les femmes sont… aimées, aimantes, créatives : « Tu as pénétré de tes seins la glaise qui en conservera empreinte et souvenir [...] Lance sur mes genoux le filet de ta chevelure » (MI 127).

En confidence à l'aimée, une offrande poétique : « Je ne me reconnaîtrai pas non plus que toi dans les Revues crazy [...] T'écrire comme hors des yeux sautent les larmes dont ils ont honte et joie » (JCLEG 69).

Et quelle femme sa mère… Au moins dix poèmes lui sont non pas dédiés mais consacrés. Beaucoup ont écrit des poèmes sur la Mère, mais il faudrait faire un livret à part avec ceux-là. La mère est la chair du texte, l'émoi qui retourne et construit le poème parfois jusqu'au sublime. « Parle, du haut de ta grandeur écrasée / précipite sur nous ta couronne » (LP 23).

*

Une certaine expression de la *blessure* est sa marque, sa griffe. Dans *C'est moi Diego* :

> mais lui
> il arrachait leurs yeux aux fenêtres
> et les dentelles les volets une cloche un battant
> la tour s'était crevé la gorge
> [...]
> les ongles tranchent la peau
> l'œil ne se laissera pas
> atteindre par l'aiguille
> aux palais ébarbés
>
> CMD 94

Visions à la Buñuel qui surgissent avec naturel d'un paysage « vrai » ou d'une allégorie amoureuse.

Parfois simplement descriptives – mais elles ne sauraient le rester longtemps ! – elles tirent sentiments et émotions de ce vertige des mots. Souvenons-nous de la profession de foi de Thérèse Plantier dans la présentation de *Omerta. La Loi du silence* : « mots anxieux, grossiers, amoureux, abattus, révoltés... »

Il n'y a pas de raison, chez Plantier, la tendresse peut se dire avec fureur : « Les rossignols. Qui nous aiment vulnérables, qui veulent voir l'aube filtrer au travers de nos corps... » (MI 205).

Quant au renversement des valeurs cher au surréalisme, Thérèse s'y retrouve comme un poisson dans l'eau :

> Les nouveau-nés lamellibranches
> matraquaient leur grand-mère ils ne l'avaient pas
> reconnue
>
> CMD 90

Et encore :

> Vous aspirez de vos moustaches
> l'écume du bock-océan
> de frisson vous casquez

> la méduse dans votre ventre
> qu'on a pu ouvrir d'un clic-clac LP 65

Thérèse « la picaresque » nous joue des tours, osant jusqu'au cannibalisme :

> Le cœur cadavre le cadavre cœur
> il faut le mener chez la
> médecine-femme
> circum-cœur des steppes et des sierras MI 211

Ce peut être la blessure du renouveau empli de respirations et de souffles : « Mois d'avril, mon cœur éclaté de branches, engrossé de pluies, tu es la divinité trônant sur les tumultueuses conceptions du cerveau femelle […] tu me chatouilles les jambes » (MI 138).

Mais la surréaliste rejoint la picaresque :

> Mon rein éclaté se reforme chaque soir
> et j'ai mis mes yeux à dégorger dans la salade LP 73

La blessure, l'amour, les visions sont enfin trois thèmes qui se réunissent : « Si l'on me tranchait les doigts / ce serait l'amour-falbala. / Je les pousserais dans les précipices / tapissés cuscutes » écrit Thérèse dans *C'est moi Diego*.

Dans la blessure, c'est le réel qui intervient, non dépouillé de sa douleur, non embelli d'images ; souvent les mots se heurtent en s'épousant – voir plus loin – les sensations cinesthésiques, comme elle le dit, l'emportant sur les kinesthésiques.

Mais quelles excursions à l'intérieur du corps !

> On entend le bruit du sang
> lorsque tombent les larmes

> on entend capoter une forêt au fond
> de chaque oreille
> et dans les os broyés
> on entend le creux   LP 53

*

Des assauts, des blessures – « partition personnelle » écrit-elle dans sa préface à *Omerta - La Loi du silence* – de ce langage qui ne s'entrepose pas en nous sous forme de listes, mais qui, comme l'écrit Valère Novarina, « s'ouvre en nous comme notre propre corps pour voyager »[5]. Thérèse Plantier a joué, créant des partitions-témoins nommées poèmes. S'y ressourcer est un bonheur :

> Je serai le vent écrit sur les cimes
> le moraillon battant contre les malles brisées   MI 217

> Élancés aux sources des soies torses
> [...]
> où fléchissent les roseaux toujours beaux toujours lubriques
> avec leurs ailes purpurines leurs clitoris   LDS 109

> où la pluie dissout le fer
> où le rouge éteint le blanc   MI 191

Oui, comme pour voyager, pour explorer en transformiste le poème, Plantier dit : « Je suis le garçon à tête solaire / avec une roue / au bas du ventre » (CMD) et, tel un Audiberti ayant lâché les freins de l'alexandrin, écrit :

> La terre rétrécira dessous
> si vite qu'elle nous lancera les uns sur les autres
> et qu'on s'apercevra que je suis un nègre
> et que tu sauras quel nom me donner.   MI 166

Dans *La poésie entière est préposition* de Claude Royet-Journoud, ce dernier affirme : « Une folle dispersion est ce à quoi nous sommes en butte. Folle parce que sa mobilité est extrême – sa précipitation donne la figure – et que nous l'aimons sans raison[6]. »

Imposant ses ravages heureux, l'hubris plantiérain avance ainsi. « La forme comme surcroît d'émotion » et « la menace sans laquelle il n'y aurait aucune pensée », voilà Thérèse tout entière, sa vie, son œuvre, ses embardées et sa cohérence. Tout ceci même ravivé dans la poésie « post-moderne » n'est pas si nouveau. Un préfacier de Jean Tortel (Henri Deluy) parle de « rythmique des mots et de la syntaxe ». Thérèse Plantier, dans *Omerta - La Loi du silence* :

> Cette effarante fuite où nul n'est poursuivi
> ni toi ni le même ni lui ni l'autre
> ainsi la peau plumée du coq
> est-elle débusquée
> sur les étals et les confiseries
> sur l'amer picris qu'on propage
> sur les murailles et autres récifs
> pas l'autre ! pas l'autre !   LDS 95-97

Ce que j'entends – aux deux sens du mot – quand Valère Novarina parle de « la cavatine du langage ». Quelquefois nous tombons sur de simples jeux de mots de comptoir : « Ils les entirelirent » (LDS), « Empifreli, mets-toi au lit / mon cœur boudiné / massue / de sable / rond » (LP). Les « mille langages » (préface à *Omerta*) sont explorés, utilisés, comme langues natives. Dans ces passages-idiolectes, elle fait un détour par le joli trépignement ou les hoquets lettristes :

> pourVu qu'oN dise Etch pourVu qu'
> un purin
> blafure chess cheuss com coun
> à blut mon blut.   CMD 25

Et, l'instant d'un mot : « alors je ouhe à la vie dans le désert termiculant les corbillons » (CMD) et « la peau dit non lapodinon ». Sa liberté, sa fantaisie, savent ne pas lasser. Elle écrit dans *Logos Spermaticos* : « La Femme ne pouvant retourner à la condition animalière se cherche un discours, cherche son discours. » Ce que ressassaient bien des recherches, féministes ou non.

Savourons ces pépites :

> mes mensonges mes fées
> aux tétines syllabiques   LP 66

Ou bien, encore dans *Diego* :

> des roches trémières plein les poches
> portant le carnage dans le langage.   CMD 26

Ces délicieux à-peu-près, cette « violence faite à la signification » sont d'une force sidérante. On suit les collisions, elle a livré sa quête : « Ce maître-mot, je le recherche, ce mot-chose ce maître-mot qui, à force, s'est trouvé un sens pour lui tout seul[7]. »

Si, comme l'écrivait Reverdy, « l'acte poétique est scellé… par l'absurde et l'irrationnel… c'est que la justesse est là / Et l'image / malgré son absurdité, irréprochablement juste »[8]. Bernard Noël, analysant l'acte d'écrire, énoncera clairement : « L'écriture devrait être l'expérience de l'expérience. Il ne s'agit pas de raconter mais d'éveiller. Alors, le langage étant ce qu'il est, il n'y a plus qu'à le piéger, à le pervertir, à le trouer pour y prendre l'éclair qu'aucun mot ne peut dire mais qu'une certaine configuration des mots peut sceller[9]. » La poésie de Thérèse Plantier se tient au cœur de cette tentative poussée aux limites.

C'est l'un de ses sceaux. Son chiffre.

*

« Ce parler est un drame… et les mots sont des personnages. » Si Valère Novarina plonge en ces eaux-là, le poème plantiérain EST théâtre. Masques et mystères premiers, mythes y sont revisités :

> Fragile
> est la mort
> que cahotent la nuit ses chars-à-bancs
> grinçant au fond des ombres   LP 60

Le poème « est à la fois l'instrument de la dramatisation et le cheminement de cette dramatisation même » (Bernard Noël).

Ce drame, se souvenant des mots, des origines, du savoir, avec les oublis qui « remontent », Novarina le compare à « une descente dans un puits ouvert où chaque parlant tombe pour se souvenir de tout ». Et ce « tout » n'est pas folie, aliénation, cette excavation soudain ouverte ranime la Présence, la Beauté (mais ce n'est pas la-belle-poésie pour reprendre le mot de Bernard Noël). Seul, le poète libéré, la poète libérée peuvent nous emmener pour :

> … ne plus croire jamais
> qu'aux hiboux protecteurs des pêches
> à la tête humaine fruit des arbres
> à nos empreintes pour y manger   MI 191

Ces drames incluent les cocasseries, pour Thérèse Plantier :

> étant née d'une vache sans queue
> ma bouche me gênant au milieu des éclairs   MI 216

Ou encore, dans *La Portentule* :

> ton manteau a sous les yeux des cernes violets
> pour un peu il pleurerait mais pas nous   LP 24

Un brin de pathétique s'en mêle, dans *Jusqu'à ce que l'enfer gèle* :

> Lézard alligator mini-croque-mort
> ton ciré luisait sous les averses   JCQLEG 49

> comme on n'a pas eu cette chance
> se payer des parents pourris   JCQLEG 70

Les êtres inoubliés, le drame des amours irriguent ses poèmes. On lit ses/nos souvenirs comme dans une tranche de gâteau marbré : « un récitatif mordoré où s'engluent les romances » (LP). Pas d'attendrissement mais une émotion rare, que nous retrouverons dans le poème érotique-amoureux :

> il me faut le feu pour suaire
> ton corps sous des cathédrales   MI 194

Gaston Puel écrit : « Que sait-on des mots ? Ils rampent, ils errent à l'abandon, se dressent ou se déploient, ombres valides des choses parfois inaperçus, blafards. Mais que vienne la poésie, ils nous emportent dans la farandole des apparences, nous dansons avec la face cachée des objets, une autre vérité au-delà du sens, plus nue, fait signe[10]. »

Comme elle le dit dans le poème que nous avons cité plus haut :

> où la pluie dissout le fer
> où le rouge éteint le blanc   MI 191

« Qu'est-ce que l'image en poésie ? Nullement la figure – métaphore ou métonymie – qui, par le jeu des comparaisons, des constatations de proximité, ébauche déjà de la signification et ne permet donc pas de desserrer les mailles de la conceptualisation. » Ainsi Yves Bonnefoy assigne un but, une recherche plus fouillée au poète. La poésie de Thérèse Plantier « ne dit pas, elle est simplement ce qui fera que les mots, déconceptualisés, pourront laisser voir.... DANS L'ÉLAN QUI VA À LA POÉSIE ET NON COMME CETTE FOIS ENCORE SA SAISIE »[11].

Amour, Eros, humour.

Dans n'importe quelle revue de poésie, la parité n'est guère au programme… Quand 20 poètes hommes publient un recueil – peu importe la collection, l'éditeur – 1 seule poète-femme figurera. Parfois des regroupements par thèmes érotiques font exception, mais dans la dernière anthologie parue au moment où j'écris, *Eros émerveillé* de Zéno Bianu chez Gallimard, 200 poètes hommes, 20 femmes. « *No comment* », aurait dit Thérèse Plantier. Encore les poètes-femmes sont-elles plus nombreuses dans ce genre précis d'anthologie. Devinez pourquoi…

Si l'élan panique et l'hubris de notre poète femme emportent le lecteur frémissant lors d'équipées lointaines disant ses blessures dans une langue parfois brisée en mille morceaux, elle est « unique par son impact verbal extraordinaire, et médusante par son pouvoir de projection » (Georges Henein parlant de… L. F. Céline)[12].

Elle n'est pas en reste dans les évocations amoureuses. C'est un thème majeur de sa poésie – et il me semble que peu l'ont dit.

> Tu es assise et tu ouvres les jambes
> pour me donner ce que je connais
> [...]
> Ce soir un navire transparent et démesuré
> quitte le port dans un sulfure sous tes cils abaissés
> JCQLEG 52

Oui, cela gèle et ça brûle, Thérèse, dans ton enfer. Ce qui est sublime, c'est que « le langage, résidu d'événements fossilisés qui ont eu lieu, assume les devanciers » (Jean Tardieu). Oui, Plantier se sert « de pierres enchantées pour bâtir sa citadelle » d'amoureuse :

> Réfugiées au fond du ciel les mers
> pleuvaient sur nous par les fissures de la nuit
> tes cheveux déroulés teignaient en pourpre notre abîme
> tes seins pesaient sur mes paupières   LP 40

La campagne – plutôt que la nature – se mêle aux effusions, et surprend « grandit ce corps / halé d'espérules roses et lentisques / entraîné au fond des terriers sur une claie de ronces / et les buis s'écartèlent de leurs racines faméliques » (MI 195).

Très peu de poètes font d'une scène éperdument érotique l'avènement d'un si somptueux langage.

D'intimes observations révèlent l'amoureuse :

> La main que tu places sur toi et tu m'oublies   JCQLEG 52

L'humour plantiérain pointe :

> L'électrophone
> raffermit l'enlacement
> des corps à bout d'amour   LDS 156

Dans un poème de *Mémoires inférieurs,* faire l'amour (le titre) demande des efforts, dans un décor désopilant où les amant(e)s doivent lutter avec de « rubiconds édredons parant les lits » etc.

Oui, comme le dit Bonnefoy, « accéder à l'être et non enrichir le dire » :

> tout ce qui emmêlé aux nuits foudroie ton corsage ouvert
> non pas lorsque tes seins géants orientent les nuages
>   MI 200

Robin est évoqué souvent (Alice Colanis a déjà cité ces vers) :

> de mon autre bien-aimé
> les bottes sont des cippes de porphyre   JNRPLPU 61

Et puis, l'indécence du trop d'amour :

> Mon vagin mandibule après que tu l'aies visité
> fourmillement de charnues molécules
> incisées de rubis et d'émeraudes   JNRPLPU 60

Au hasard des recueils aux titres pensés (certains poèmes conteurs d'histoire eux aussi ont un titre programme), Plantier se montre l'adepte « d'une rythmique nouvelle », « la pesée des mots remplaçant le compte, et leur situation dans le segment. La tentative de langage se veut une tentative de toute la langue » (Henri Deluy).

> D'où me viennent
> ces désirs minéraux
> qui déploient leurs gestes troubles
> comme des parchemins depuis des siècles
> sur des visages reconnus ?   LDS 65

Parfois le lecteur est songeur tant la contorsion est de confiante audace. Mais l'accent d'une confession véritable nous pénètre :

> À longueur de vent s'en vont les amis
> aux yeux braisés pour qui
> la course fut bonne   CMD 60

Comme pour Robert Juarroz, pour Thérèse Plantier, « un mot est tout le langage, / mais aussi le fondement / de toutes les transgressions du langage », « autrement dit la parole est ce qu'elle veut dire, mais aussi beaucoup plus, en même temps la négation de ce qu'elle veut dire »[13].

D'ailleurs, elle ne renonce pas au vieux truc du rythme qui-n'en-a-pas-l'air :

> Un coup de barre-à-mine dont le son se prolonge
> dans le sang transpercé
> opération silence   LDS 135

« Mille langages » d'un poète habité par « mille personnages » fusionnant en faisant mouvement. Les thèmes n'en sont plus, ils s'entrecroisent, les à-peu-près et les tropes – qu'elle chérissait – sont à la fête :

> Rolande moins que rien mieux que dame   LP 105

> hâte-toi de partir visage qui es roue
> la nuit boucle dorée sur les épaules des collines   MI 147

Nuit sur la terre et amour […] où je suis ivre sans autre excuse que le goût d'ignorer, où les pécheurs s'unissent aux péchés tendrement, où ce qui s'assemble se défait, pluie de nuit sur tes lèvres et tes seins et ton ventre ronronnant pluie pluie sur tes bras jetés en arrière, ton épaule ma voisine, ton cou bondissant, tes yeux à longue fente. (CE 34).

Je retrouve chez Thérèse Plantier, bien plus encore que chez Colette, ce que Julia Kristeva énonce à propos de cette dernière : « On a le sentiment qu'elle est éprise non pas de quelqu'un mais de l'infini, de cette sensualité qui sut se donner tous les objets et tous les sexes. »[14]

De ses jours, de ses amours, de ses nuits elle a fait son miel. Mais de tout son être elle a lutté. Sans engagement reconnu, en son œuvre poétique, huit recueils, mais aussi en des écrits parallèles, pareillement méconnus.

Thérèse Plantier et Marie-Christine Brière, Vaison-la-Romaine, 1982.
Photo Gille Wittig.

LA POUGNADORESSE*

> La femme n'ayant pour compagnon de gloire que les livres, méprisée de n'avoir voulu se contorsionner comme les autres femmes, si méprisante qu'elle ignore espace et temps et cachée loin derrière n'existe nulle part qu'ici, qui n'a rien su décrire qu'orage et catastrophe, lorsqu'elle parle, les mufles se hérissent : « Qui c'est, celle-là qui nous nargue ? »
>
> (T. P.)

* Il s'agit d'une valeureuse femme solitaire qui défendit toute seule son village – dans *Provence, ma haine*. « C'est tout à fait moi, disait Thérèse ».

On a souvent dit : « Thérèse Plantier est une pamphlétaire », parce que le ton y est, c'est vrai. Mais l'usage du mot a des sous-entendus dévalorisants : écrits de seconde zone, réflexion affaiblie, portée limitée. En lisant *Logos Spermaticos* on rit, on sourit, on réfléchit. Dans le pamphlet se logent l'attaque, le sarcasme, l'amertume parfois. *Logos Spermaticos* ne peut pas se réduire à un pamphlet, nullement. Plantier est violente parfois, mais ses réfutations sont toujours le fruit d'une réflexion et d'une argumentation solides, clairement exprimées, d'un raisonnement convaincant.

Son discours se trouve émaillé d'anecdotes privées très savoureuses, « il y a du jus » – fait rarissime dans ce genre d'œuvre. Comme dans ses poèmes, c'est une amie qui parle, qui combat, bien vivante, et pleine de verve. Elle prend en main les outils pour en faire des armes et se bat avec une fougue et un courage inouïs. Le poème rejoint souvent sa pensée précise, foisonnant d'exemples et de repères de lecteurs. Vient à l'esprit cette strophe pashtoune quand on lit du Plantier :

> Mon amant veut tenir ma langue
> dans sa bouche
> non pour le plaisir
> mais pour établir ses droits

Extrait des poésies populaires des femmes pashtounes, *Le Suicide et le Chant*[15]. Ce court poème pourrait être de Thérèse Plantier.

Elle demeurera libre-penseuse et trotskiste à sa façon. Dans *Logos Spermaticos* elle écrit : « L'oppression capitaliste est un modèle réduit de l'oppression du sexe masculin sur le féminin, une des nombreuses sinistres farces que l'homme en tant qu'homme s'est délecté à jouer depuis la nuit des Temps. La preuve en est que si les régimes économiques ont pu se succéder, l'esclavage de la femme, lui, est resté intouché. » Plus loin : « Si la différence des sexes existe dans la pratique, si les êtres pensants sont scindés en deux, si la femme est biologiquement sexuée en vue de la copulation, alors l'homme, autre pôle des créatures pensantes, doit être également sexe avant de se découvrir créature. Cette hypothèse posée, le bébé-homme vagit homme, le bébé-femme vagit femme ! Mais dès qu'ils commencent à parler, donc à penser, la femme est obligée de s'accepter espèce mais pas genre tandis que l'homme se définit dans son genre mais pas dans son espèce. »

Tout le livre dénonce « l'embétaillement de la femme », expression d'une brutale vérité.

« Aucune amélioration du social n'est possible, n'est envisageable, tant que les hommes continueront à ignorer qu'ils ne parlent qu'au nom d'une moitié du socius. » (« Le Potentiel Révolutionnaire des femmes », texte inédit).

Elle a poursuivi dans cette étude de 340 pages (*Logos Spermaticos*) une recherche que les féministes américaines avaient commencée, puis en Europe bien d'autres militantes, dont Monique Wittig qui s'orientera différemment.

Ce livre n'a pas pris une ride.

L'imposture politique, proie facile, est ici attaquée, en termes plantiérains, comme dans les poèmes :

<blockquote>
Hommes politiques
hommes po po à lunettes
vous êtes de farce pleins   JCQLEG 54
</blockquote>

Tout en admirant Freud, elle lui consacre un chapitre, classique mais fort. (Oui,… on nous dit que « contre Freud, paraît un brûlot tous les six mois », mais… il a juste sa place dans ce livre).

Dans *Provence, ma haine*, tout y passe. Sade, qui oserait toucher au grand Intouchable ? Dans un débat récent – mars 2012 – un des participants affirmait « ce serait une erreur de nazifier Sade[16] » (réticences de l'animateur Alain Finkielkraut tout de même…). Thérèse va droit au but – avec une restriction émue quand elle évoque Sade victime : « Il faut être maboul pour passer négligemment sous silence que les tortionnaires mis en scène par Sade exercent leur cruauté sur des femmes et des enfants. Justine est torturée et tuée à cause de ses vertus et de ses beautés par une Juliette que, l'obligeant à se comporter en homme, les hommes ont rendue folle au point qu'elle ne sait plus distinguer entre douleur et plaisir. » Et plus loin : « Laquelle offre ce trait psychotique d'aimer son supplice alors que les bourreaux qui la supplicient n'ont pas, eux, à aimer leur torture. »

« Ils se garderaient bien, eux, ces divins lettrés – ici elle prend pour cible Blanchot et Bataille – de prononcer une condamnation claire contre le genre viril dit humain, contre ces monstruosités [...] Ces doigts qui s'acharnent à tirer leurs tripes hors du ventre des femmes et des enfants, ces bouches puantes distendues par la joie d'assister à des excisions (ces bouches musulmanes, je les ai vues en Télévision lors de la présentation d'un film de Vaeraghen) ».

L'art du contrepied était dans ses cordes, mais c'est en toute sincérité qu'ayant examiné de près la vie et l'œuvre de George Sand et toute féministe qu'on la déclarât, elle dénonça dans son brûlot *George Sand ou ces dames voyagent* (publié en 1986 par l'Atelier de Création libertaire) le crime suprême à ses yeux : George Sand n'avait pas soutenu les Communards. Dans une envolée mi-poétique mi-journalistique, elle fait le voyage à Venise, pulvérisant à plaisir la légende : les ambitions, les flatteries, la frivolité de George Sand.

Elle, depuis toujours, a lutté contre le saccage de la Terre ; je l'entends décrire la destruction du Plan de Dieu (*Provence, ma haine*). Déjà dans un poème truculent :

> Le poète indigent et niais
> cherchant sa route
> remontait d'une mer qui existait encore
> hérissée de ressorts et de scies-à-métaux   LP 55

Et il y avait ces vers, dans *Omerta - La Loi du silence* :

> lorsque passaient les sulfateuses-bidonvilles
> tonitrueuses siffleuses cagueuses pueuses   LDS 109

et ces autres où la fantaisie désespère :

> j'aime ce temps qui présage la fin du monde
> plus nous allons plus se taisent les choses   LP 99

Je suis sûre que « son » Cameroun se laisse voir derrière Haïti de Jean Metellus dans *Éléments* :

La forêt se multiplie et déborde de toutes parts
Émondée, coupée
Elle se déploie épaisse et dure
Puisant sa vigueur dans cette terre maltraitée, offensée[17].

De même a-t-elle toujours pris le parti des animaux, et ce dès son premier recueil :

Minuit sous forme d'animaux

par les pattes et les crins et les yeux des chiens dévorés
[...]
par les veaux flageolants
auxquels on pense trop
flagellés laminés émincés escalopés
dans ces roulottes pour veaux d'où ils pointent leurs cils
vers la bestiale face humaine   MI 167

Même défaillante, la révolte chez Plantier vibre d'authenticité. Des « mouches en ciment noir / fauvettes dentirostres » aux « chevaux égarés le long des chemins de l'histoire des hommes », on sait que tout au long de sa vie elle a assisté à de terribles abus, sans jamais fléchir dans ce combat-là non plus.

Dans *La Portentule* :

Aux gémissements des chiens enchaînés
par les villageois leurs maîtres
se désagrège ce que tu as convenu de nommer âme LP 118

Et encore : « Tous et toutes nous vivons aux abords de la ville / dans des bidons incandescents / lieux de bonheur immérités / aucun des animaux ne dit du mal de moi / ils en mourraient […] mais il est permis de se lamenter / pour les chats enfilés de la gorge à l'anus / sur une tringle ». (LP 102).

Triviale, Thérèse Plantier. Et biblique.

Délivrance

Il y a comme un air de légende, un mythe pour celles et ceux qui l'ont approchée ou connue. Il y a ce qu'on peut entendre encore. Que n'a-t-on dit sur Thérèse Plantier ? Une mégalomane, une dépravée narcissique, une perverse dominatrice, une paranoïaque (bien sûr)… Légende et mythe qu'elle entretenait sans le vouloir par tempérament, goût de la provocation. « Mal élevée, je scandalise », concède-t-elle dans sa correspondance. Dans une assemblée, elle amenait la bonne contradiction, il se passait quelque chose. Et parfois la vie semblait en « faire trop » dans la cocasserie.

À Paris, de retour de Hollande où elle logeait chez son ami Cornelius, elle avait ramené, dans une sacoche-sac à main, des revues pornos populaires, du hasch – années 1975… Voulant « faire Suisse », elle avait aussi une liasse de billets. Nous allons aux Halles dans un troquet nommé *Chez Bacchus*, où elle oublie la sacoche. Le lendemain, je vais la chercher, elle n'avait pas bougé. Je revois le sourire entendu des patrons vérifiant le contenu (et ma gêne à l'énumérer).

Certes, elle dominait – qui voulait bien se laisser dominer : toujours la même histoire. Mais ce n'était pas du tout un caractère tyrannique. Sa passion de penser, de comprendre, d'échanger fascinait. Son pouvoir d'attraction était hors du commun. Les mots grossiers parfois, à la méridionale, salaud, salope, morue (« sa morue ») s'intégraient fort bien à ses colères, rejoignant aussi l'aura poétique et l'inventivité (« toute la gamme »). Rien de la mijaurée causant sex-toy avec cette hypocrisie euphémistique actuelle ; on pouvait l'entendre plutôt s'écrier joyeusement : « Où est passée ma biroute ? »

Thérèse était contre tout ce qui ne va pas dans le monde et férocement. Contre toute forme d'injustice et d'imposture. Extrêmement curieuse et attentive aux autres, avide. Faire connaissance équivalait à l'aimer, à être aimé(e). Ou pas. Une fois son ami(e), vous étiez sondé(e) puis invité(e) à entrer dans la danse. En plein vent dans la fibre de sa vie. Invités à sa table, à son rire, à son intelligence.

Richard Dembo écrit que « le piège de tout pouvoir absolu réside dans l'ordinaire de la démesure »[18]. Un tel anticonformisme foncier, un tel refus de se plier aux ronrons, idées toutes faites, conventions, allait avec cette hubris qui marque au fer rouge bien des poèmes qu'elle a écrits. Elle apportait la liberté, l'imminence de se libérer. C'était comme une délivrance.

« Le soleil ni Thérèse Plantier ne se peuvent regarder en face », disions-nous. Que de fâcheries, de heurts, de situations intenables dont elle avait le génie. Elle vivait sur de hauts fonds, de grands fonds. Il fallait ne garder que le meilleur – parce qu'il était là. En contrepartie, quel accueil, quelle écoute pour un tel « ego ». Une bonté foncière mais du tourment, du tourment.

> Je me tairais si la haine
> ne me faisait parler d'amour MI 208

Plantier accueille l'autre ; et prononçant « haine », connaît la compassion.

Pour reprendre les mots d'Alain Finkielkraut dans un essai[19] sur Emmanuel Levinas, « cette proximité, cet esseulement, cette misère » qui en appellent à elle, tant de fois elle y a répondu. Dans sa vie (et dans ses poèmes), on trouve bien des êtres perdus, revenus de suicides, de tourments, d'abandons… Le philosophe étudie chez Levinas « cette faiblesse [du prochain] qui agresse la vie, qui la somme de se justifier et qui lui interdit de déployer sa force affirmative ». Thérèse Plantier s'« interdisait » souvent sa « force affirmative » pour voir l'autre. Tout orgueil épuisé par ses luttes, ses drames personnels, elle va se livrer à l'étude pour émanciper les femmes. Apprendre, lire, apprendre, réfléchir, DIRE. Logos. Pour sa mère, pour le souvenir de Camille (Camille Planet, peintre et philosophe, proche de Canguilhem), pour les faibles.

> J'appartiens à mes paroles
> je les donne   LDS 95

Dans *Le nom d'Aldo* :

> l'épousée que tu es n'a pas su se défendre   MI 172

Ailleurs Plantier évoque les enfants « victimes de cris stridents, de vitraux en dépareillage, de cordes à sauter tranchant l'acier ». (MI 161) Et, dans « Rolande », ce vers déjà cité plus haut : « Rolande moins que rien mieux que dame » (LP 105).

Évocation de sa mère : « qui vécut comme en punition / toujours confuse », ou encore, dans *Mémoires inférieurs* :

> Stèles se dressant hors des lotus
> hors du goudron
> baies ouvertes…
> ton geste dans la nuit
> la nuit dans ton geste   MI 180

Poèmes à mi-voix, blessures cachées, cri enfoui au plus profond :

> Autour de ta tombe
> glapissent les renards de l'aube
> tu te tiens aux quatre coins
> du marbre où je t'écris   MI 132

« Elle [la mère] n'aurait jamais demandé : dans quel Autre fait-il chaud ? » (MI 190).

Tout le poème « Stabat Mater » – Jean Rousselot le signale en préface – montre en filigrane la haute valeur morale reconnue à sa mère. Si nous y ajoutions la rigueur, l'audace, ce serait aussi un portrait de sa fille, Thérèse Plantier. Même si elle était insupportable, elle délivrait. Infréquentable, elle rafraîchissait. Rieuse. Ardente.

« C'est souvent l'emprise des contraires qui construit les êtres », affirmait Gaston Puel, qui émit quelques griefs à son endroit.

Je ne puis que penser à Plantier en lisant ce passage d'un *Entretien avec Roberto Juarroz* : « La poésie s'apparente à la folie parce qu'elle tient toujours simultanément du salut et de la perte. La poésie est une forme de folie qui nous préserve du bon sens et des stupides idoles qui dévorent la vie des hommes. Elle est une "folie" qui nous permet de vivre et de mourir en tant que nous-mêmes. »[20]

En ce début de XXIe siècle, de nombreux poètes s'attachent à une poésie minimaliste, sobre, bannissant les mots rares. Que ce soit dans le poème en vers libres, connu, ou dans le poème en prose, on parle doux, on parle dense, l'ego s'efface en tant que tel. Mystère et même mystique se côtoient dans cette « *via negativa* ». Une recherche spirituelle n'est pas rare : de Christian Bobin à Éric Sautou, de Pascal Quignard à François

Cheng, de Jacques Roman à Thierry Metz et Philippe Jaccottet, des poètes d'inspirations très diverses ont en commun l'intériorité, la vraie simplicité, une sobriété d'écriture travaillée dont le mystère égale la clarté.

On pourrait dire en la paraphrasant : « Il manque une tempête quelque part. » Mais non, il existe un courant tempétueux : Jean-Louis Rambour, par exemple. À première vue, on situerait Thérèse dans le dernier, les grands lyriques post-surréalistes. Elle arrache, contredit, glapit, menace, fanfaronne et le dit, son étendard claquant au vent.

> Ce sont des portes qui tremblent
> c'est la mort en pantalon rouge
> c'est une marche où le pied bute
> c'est le vin versé dans l'étang   JNRPLPU 21

Jusque là, la mort se présentait, court-circuitait le calme du soir. Dans *Semence du trépas* :

> Ô mère en mon miroir
> tu regardes m'y voir
> tu t'étonnes que pleuvent
> autour de moi les meubles
> tu me tends des écrans
> en tes poings desséchés
> t'inquiète pas
> ta fille disparaît   ST 58

Ce poème très bref, également dans *Semence du trépas* – au moment de la maladie de Thérèse Plantier – est superbe d'appels à voix basse, de flammes rallumées :

> C'est mon hiver mon hiver à moi
> […]

> les esprits-bourreaux ont volé mon nom
> ont aspiré mon corps
> ont violé ma mort
> tel le silence de l'amour et le silence et le silence ST 27

La poète entend celles et ceux qui reviennent, sa mère, Camille – évoqués avec quelle douceur dans *Omerta - La Loi du silence* – ainsi que de lointains personnages de sa vie passée. Chose rarissime, elle s'adresse à Dieu, ou parle de sa non-existence. Même son père revient – lui à qui elle n'a guère consacré plus d'un poème dans l'ensemble de ses recueils précédents.

Dans ces poèmes-là – au fond, les deux premiers recueils et les deux derniers – elle s'apparente à ce renouveau paisible, contemplatif, cette inspiration élevée et simple à la fois évoquée plus haut.

Mais chez Thérèse Plantier demeure la surrection émotive, l'insolite qu'elle capte en plein vol, que tous ignorent. De toute façon, ces deux « courants » poétiques ne sont pas inconciliables, lecteurs et poètes peuvent apprécier, admirer, ces deux registres.

Thérèse Plantier s'est-elle d'instinct tournée vers l'accalmie à l'approche de la mort ? Peut-être. Mais elle trempera toujours son épée pour un combat qui se présente. Fût-ce contre la mort, justement. Une sorte de quête spirituelle que Guy Chambelland avait déjà perçue.

> Réserve donc tes souvenirs
> pour l'instant de ta mort
> où l'odeur des tilleuls
> entrera par la fenêtre
> en essaims piquetés de caresses JNRPLPU 37

Puis (comme une réminiscence biblique ?) :

> Le livre
> il faut le présenter aux invités
> de la dernière heure
> lorsqu'il est temps de tomber morte   JNRPLPU 36

le ton de la confidence, qui a l'accent de l'authentique :

> Je suis entrée dans la mort bien à l'avance
> la mort est entrée en moi sans que je l'aie vue venir.
>   JNRPLPU 45

Dans *Semence du trépas*, elle s'est aussi confiée :

> À force de souffrir on pense qu'on existe
> et que tous ces génies écrasés sous l'ongle
> l'ont été par la hargne de Dieu.   ST 39

La peine commune, elle ose la dire et nous déchire le cœur :

> De longs serpents de larmes s'évadent de mes yeux
> de la morte-saison à la morte-raison
> dans la morte maison.   JNRPLPU 19

Comme si son « âme » avait prévu. Mais demeurant lucide et batailleuse. Toute tentative est bonne face à la mort :

> Je bande pour ma mort   LP 27

Et, déjà, dans *Omerta* :

> Mourir haïssant la lumière et l'au-delà   LDS 109

Ça va, ça vient ; ne pas trahir sa pensée :

> Je meurs sans avoir abdiqué
> attendant le jour nouveau comme du miel   JNRPLPU 50

Ce qui est étrange, c'est la permutation des deux derniers titres. Elle a d'abord publié *Semence du trépas* puis *Je ne regrette pas le Père Ubu*. On aurait pu croire plus logique l'ordre inverse, sauf si elle pensait ne plus écrire après *Semence*...

> on m'incise le cœur pour qu'y soufflent les vents
> parmi les ombres opiacées des arbres liturgiques
> JNRPLPU 12

> contre les murs se fracassent les sanglots   JNRPLPU 17

Et par tempérament, la culbute s'effectue encore :

> comme un grand culminant renversé sur sa pointe
> de la mort d'où je viens j'ai gardé la terreur   ST 23

Vers la délivrance – mais alors issue fatale comme on dit – depuis nombre d'années semble-t-il parfois, elle écrivait : « Ma personne progressivement s'effacera par lambeaux comme un oléoduc mitraillé par les Kurdes. » (MI 158).

Mais dans *Semence du trépas* :

> Je ressusciterai autour de mes clous
> je gagnerai à bras de fer   ST 31

alors qu'elle se révélait étrangement proche de Louise Labé dans *Omerta – La Loi du silence* : « Même si j'ai tardé à le faire, je dis mon mal, qui est d'aimer. » (LDS 106)

Les derniers poèmes sont dédiés aux amis, aux bien-aimé(e)s, le dernier à Yanne (Yanne Comiti, amie depuis l'école) tout joyeux de regrets et d'espérance :

Yanne au ciel
notre ciel personnel
car elle y croyait
que je suis heureuse
[…]
pour chacun
un ciel de mes amis morts   JNRPLPU 63

Ce dernier poème fait écho aux accents d'Andrea Zanzotto poète italien, dans *Idioma* : « Même s'il n'est pas de Paradis, s'il ne te faisait pas de Paradis que pour toi, il faudrait jeter en enfer le Père éternel lui-même. »[21]

Thérèse Plantier et Marie-Christine Brière, Vaison-la-Romaine, 1982.
Photo Gille Wittig.

Dans un article du *Pont de l'Épée* (1981), Georges Henein écrit, parlant de L. F. Céline : « C'est une équipée insensée mais délivrante, la grande tirade de l'irrévérence, une véritable hécatombe des gloires publicitaires, des combinards de l'esprit, une défénestration des gens "de bon aloi" qui mettent un loup pour manger l'agneau... Chez [elle] c'est tout le temps le Jugement dernier. »

L'œuvre de Thérèse Plantier est résumée en ces formules.

Sans doute est-ce pour cela, précisément, qu'on a cherché à la faire taire en ne la publiant pas. En ne la reconnaissant pas. Elle ne figure pas au catalogue NRF poésie (si peu de femmes poètes, il est vrai, s'y trouvent ; et pour les hommes, ni Gaston Puel, ni Jean Rousselot, ni Jean Breton, ni André Verdet).

Tout mon brûlant désir
au fond de moi sens croître...
car s'approche la mort et s'enfuit l'existence

Pétrarque, *Canzoniere*

Mais Marina Tsvetaïeva répondrait, dans son « Poème de la barrière » :

Et tant que dans les rets
je ne me serai pas empêtrée – grimaces des hommes
je prendrai – la plus difficile des notes
je chanterai – la plus difficile des vies[22]

Marie-Christine BRIÈRE

1. Nancy Huston, *Reflets dans un œil d'homme,* Éditions Actes-Sud, 2012.
2. Thérèse Plantier, *Provence, ma haine,* Saint-Cyr-sur-Loire, Éditions Christian Pirot, 1963.
3. Pierre Bourgeade, *Les serpents,* Éditions Gallimard 1983 et Livre de Poche.
4. Andrea Zanzotto, *Mille langages, Idiome,* traduit de l'italien par Philippe Di Meo, Éditions José Corti, 2006.
5. Valère Novarina, *Une langue inconnue,* Carouge-Genève, Éditions Zoé, 2012.
6. Claude Royet-Journoud, *La poésie entière est préposition,* Éditions Éric Pesty, 2007.
7. « Entretien avec Thérèse Plantier », in *L'Arnaque* n° 0, juin 1989.
8. Pierre Reverdy, *Cette émotion appelée poésie* (1932-1960), Éditions Flammarion, 1974.
9. Bernard Noël, *Le lieu des signes* (Poésie et expérience), Éditions Lignes, 1971.
10. *En chemin, Gaston Puel,* Collectif Centre Joë Bousquet et son temps, Carcassonne, Éditions l'Arrière-pays, 2003.
11. Yves Bonnefoy, *L'inachevable, entretiens sur la poésie* (1990-2010), Albin Michel, Livre de poche biblio, 2010.
12. Georges Henein, *Le Pont de l'Épée,* n° 71-72, 1981.
13. Robert Juarroz, *Poésie et création (entretien avec Guillermo Boido),* Éditions José Corti, 2010.
14. Julia Kristeva, *Colette, un génie féminin,* Éditions de l'aube, 2007.
15. Sayd Bahodine Majrouh, *Le Suicide et le Chant, Connaissance de l'Orient,* Éditions Gallimard, 1994.
16. France-Culture – *Répliques,* Alain Finkielkraut, mars 2012.
17. Jean Metellus, *Éléments,* Éditions de Janus, 2008.
18. Richard Dembo, *Le jardin vu du ciel,* Éditions Verdier, 2005.
19. Alain Finkielkraut, *La sagesse de l'amour,* Gallimard, folio essais, 1999.
20. Roberto Juarroz, *Poésie et création (entretien avec Guillermo Boido), op. cit.*
21. Andrea Zanzotto, *Idiome, op. cit.*
22. Marina Tsvetaïeva, « Poème de la barrière », cité par Linda Lê, *Marina Tsvetaïeva - Comment ça va la vie,* Jean-Michel Place, 2002, p. 63.

Thérèse Plantier et Robin Morlot.

Thérèse Plantier préparant l'aïoli.

Marie-Christine Brière

Tout autour
« comme un oléoduc mitraillé par les Kurdes »

TOUT AUTOUR

Tout a commencé dans une ville « carrelée de cris d'or et de hosannas », avec, au beau milieu, « un oléoduc mitraillé par les Kurdes », rien que ça !

Allez donc inventer de la métaphore sans image, avec de l'âme, de la chair, du corps, tout ça en quelques poèmes : je viens de retrouver le vieux numéro de *Poésie 1,* n° 6, 1969, « Poésie féminine d'aujourd'hui », édité chez les frères Breton, par lequel j'ai connu Thérèse, c'est-à-dire son pays, puisqu'il s'agit de lui. Dès le début, donc, le langage, et les femmes. Me voilà remontée au Déluge.

On n'arrive pas à Vaison, où ça commence, où ça finit ce pays-là ? Je préviens : tout ce paradis, je ne peux en parler sans Thérèse pas plus que ses poèmes ne peuvent passer dans les laminoirs scolaires. Où ça commence, ce pays ? On en part toujours, avec elle, on passe son temps à en partir. Un jour, dans les escarpements de vignes déracinées, un jour sur un chantier qui se mêle à la terre rouge, sur des routes qui ne mènent nulle part. On part, le dos tourné à Vaison. Et de là-haut, on se retourne sur un coucher de soleil béant, tout cru, avec le Ventoux impeccable, loin et près à la fois.

Je comprends pourquoi les deux chiens de Thérèse, jaloux de ses pistes, s'enfuyaient l'un derrière l'autre dans les collines.

On part sans cesse, comme on suce le noyau du fruit, et dans un craquement final, le centre gicle : Vaison, l'embranchement, Saint-Romain, Faucon au loin.

On descend du train de nuit, à Orange ou à Avignon, c'est là, ça vous arrive dessus, la couleur sur des HLM, les cyprès, tout vous dope « comme un oléoduc mitraillé par les Kurdes ». On y est. J'y suis.

Menteuse, traître albigeoise (!). Non ; bien sûr, quand je retourne dans mon pays à moi, je palpite, des choses remontent à chaque coup en surface. Mais le bonheur de l'enfant reste pour moi toujours tragique, et le retour au pays teinté de familiarité prosaïque. Vaison, c'est la magie. Vous dire ce qu'il y a ? Mon Dieu, des maisons, oui, oui, des routes, qui tournent – en plaine pourtant, des roubines qui suivent les champs, des mistrals de droite et de gauche, des croissants cuits à Vaison, des eaux de fontaine comme on en cherche quand on marche pieds nus. J'ai cherché à me raisonner : Voyons, en Creuse, c'était si beau chez Mitifio, ces champignons partout, ces vallons verts à la dormeur-du-val, ce marché de Guéret si pauvre si pauvre que des paysannes stationnent devant trois fromages et que vous vous dites : « C'est ça qu'elle vend ? » Et Caussade, j'aime Caussade, avec sa foire à l'ail, ses magnifiques outils agricoles tout neufs que j'examinai enfant, sa foire aux tabliers de femmes, noirs à pois blancs. Et mon quartier cosmopolite d'Aligre, rempli d'entrailles saignées et de fruits exotiques ! Et l'Espagne poudreuse des grandes villes au petit matin. Et Minerve la cathare si caméléonne qu'on ne sait pas si on est arrivé dans le village ou si on est encore dans le roc. Et Toulouse, mon Espagne natale annoncée « qui pousse un peu sa corne » comme le chante notre macho mais vrai poète Nougaro… Rien n'y fait. Vaison, Faucon, c'est mon lieu. C'est bien là.

On part sans cesse donc. Mille fois j'ai vu Thérèse, calme dans ses tourments, sa fureur, bondir au volant : « Tu vas voir ! », et chaque fois j'ai vu. Entre le langage et le paysage de Thérèse il y a de la perfection, une palpitation à l'intérieur qui vous fait dire « c'est trop, c'est trop ». On touche l'invisible, on a au creux de la main des pépites de l'Eldorado. Le Provençal construit en ajoutant des bâtiments à sa maison, au gré des besoins, mais caché. Il cache ses asperges et aussi ses arbres millénaires sous lesquels, par un soir de lune, vous voyez des anges nus passer. Il importe ses oignons d'Espagne, il ment, il tue, il mange, il parle, dans ce pays « comme un oléoduc mitraillé par les Kurdes ».

Autour, tout autour, vous êtes arrivés, c'est bien ici. Et même un peu plus loin. Je croyais connaître Avignon. J'y ai marché, pieds nus, chanté, brûlé de passion de théâtre. J'en aime la pouille, la dépouille, la crasse touristique même, les commerçants et leur culte de Gérard Philippe et de Mireille Mathieu, le local et le culturel qui d'ailleurs, selon moi, ne se sont jamais mélangés. Je pensais connaître. Thérèse un jour, maudissant les envahisseurs et munie d'un énorme dossier pour faire mettre la plaque « anti-klaxon » avant le virage de l'Ayguette, m'a entraînée par le bras. Nous sommes à quelques mètres à peine de l'Horloge. Surgit une rue vide ; des maisons d'une majesté coloniale, calmes, silencieuses. Des arbres immenses – en pleine ville – dépassent modestement des balustres. Pas un passant. Quels trajets secrets connais-tu, Thérèse, pour nous emmener ainsi avec certitude à l'immuable ?

Alors, ta Provence c'est Thérèse, quoi. Oui, mais j'ai alors pensé que Thérèse à Paris déplaçait la région entière. Pas du tout, Thérèse à Paris c'est elle-même. Des précipitations météo essentielles. La parole et l'intelligence comme si elles ne devaient jamais cesser.

Tout autour de Vaison, de Faucon, le soleil se cache, les nuits reviennent, les instituteurs montent au Ventoux chercher le saxiphrage et moi je pense à descendre fouiller dans le Larousse. Tout autour, je n'ai jamais eu l'envie d'aller vers Manosque ou chez Pagnol. Trop de cigales, de pastis. Nos trajectoires nous poussaient vers des chemins perdus, vers des sourires d'anges à Saint-Gilles. Puis, le retour. Sans frontière, mais le climat d'amour certifie les lieux : nuit d'amour à Malaucène, banlieue d'Avignon, bord des autoroutes lisses qui trouent le mistral lui-même. Car, j'ai oublié de le dire, c'est un pays de l'amour.

Si je devais absolument trouver des images, je dirais que Vaison c'est comme l'entrée en douce et en force d'un printemps dans le corps. Mais un réveil en dehors des saisons, une pluie qui ne fait que passer, tant on a ri pendant ce temps dans la cabane aux ouvriers avec l'amie juive qui imitait Kafka et son chapeau melon, ou tant on a bu de thé dans la caravane des derniers Anglais attardés, empiochée en terre, libérée de sa traction. La pluie libère ces odeurs célèbres des herbes d'ici. Ici, tout est « de l'art du bord des routes » : tout arrive, dans la boîte aux lettres mauve. La poussée la plus lointaine, dans la fièvre, c'est au Portugal que Thérèse l'a faite.

Elle revient d'un bond. De cette virée, je sais seulement trois poèmes déchirés, avec des roses roses, des marins, des écailles. Quand elle rêve de son « loin d'ici », c'est une petite maison de pêcheurs, qui existe sans aucun doute, à la Coruña, à Lesbos.

Mon dernier tout autour : le Rhône et Rosario qui buttent et se refusent. Qui ne scient pas des lampes de chevet dans des ceps de vigne. Qui donnent à la Provence des totems secs et lisses, rudes, tout tordus de vie.

Gille Wittig, Marie-Christine Brière et Thérèse Plantier à Faucon, 1987.

CHEZ THÉRÈSE

On épluche des blettes ce matin. Le bassin dans lequel arrive la source frétille à l'oreille, dans le silence de la maison en couleurs. Maison costaude, un maçon est passé par là. Une casserole bout, très doucement, très longtemps, sur une cuisinière, très loin des pièces, des gens. Vous croyez qu'on a oublié cette casserole, il n'en est rien. Les livres n'ont jamais eu tant de bonheur à vivre qu'ici. Ils le sentent. Des vivants humbles et énormes pourtant. Le petit dernier est resté entr'ouvert après la sieste. Des polars jaunes et noirs jaunissent un peu plus sous la piscine. De gros linguistes frappent à la tête. La casserole murmure, une main passe dans un placard, on grignote. Les coupes rouges et kitch de Violette sortiront de l'armoire – si vous êtes un ami. Des chats bougent sur un manuscrit, des poèmes se trament sur le gros agenda, à la page du jour. Ici les secrets affleurent. Des fusils chargés très antiques – maintenant je comprends le Roi sans divertissement – sommeillent, penchés dans les encoignures. Le mûrier protège les parlottes de son ombre juste assez ronde. Des loirs circulent sur le crépi des façades. Des toitures. Pas d'intellocrates. Mais si vous en cherchez, si vous êtes venus pour ça, il faut monter plus haut, vers Nyons, ou le Crestet ou… Vouais, vous tournez à gauche. Nous on doit donner le riz aux poules. Non, mets-le leur en tas, s'il te plaît, sinon elles auront trop de cailloux dans le gésier. Au revoir Monsieur. Au plaisir.

Difficile de rencontrer le Provençal chez lui. Thérèse circule, au camping, au jardin, derrière, devant, il faut compter les sous de la piscine, étaler les pièces de la boîte à biscuits, servir un apéro. Chasser ceux qui « veulent voir ». Faucon allume ses sept lumières, celles que Thérèse interroge. La télé bredouille, bleu dans le noir, on sort, on rentre, la nuit vous accompagne dans votre bonheur.

Une sorte de bonheur permanent s'installe en vous, avec du plaisir, de la méditation, un éden.

Le marché se prépare, mais quel parcours de medina ! D'ailleurs, c'est un peu tous les jours marché à Vaison. Le pittoresque n'est pas comme ailleurs, bien que les mêmes figurants soient là : marginaux à fromages de chèvre, touristes extasiés, crieurs de saucisses, de miel. C'est un vrai marché, où on se fout aussi du typique, où l'argent roule. Le tout-à-dix-euros ouvre en grand ses oreilles, déballe ses vanneries de Hong-Kong, ses tire-bouchons, ses pistolets à eau. Mais Thérèse est maître de son marathon et je n'ai jamais cherché à comprendre la loi de sa circulation mystérieuse. Des balais neufs nous passons en droite ligne à l'étal du poissonnier et elle demande avant l'achat du thon, à examiner le foie de la bête que le vendeur, en habitué, tire de dessous l'éventaire. Puis nous remontons le courant, poussées par un instinct migrateur incoercible, et, de légumes éclatants en racines rachitiquement non traitées, les sacs se remplissent. On parle recettes, on évite les médisants, on circule, quoi. Quelques salutations, des intellocrates, des poutres apparentes, mais Thérèse va toujours tout droit, elle fait tout le marché sans flâner. Profitant d'un instant de répit, j'irai peut-être vers le théâtre antique me faire servir une coupe de Chantilly.

AU CŒUR DES CHOSES

De l'impalpable s'allonge sur les collines, on dirait que les gens d'ici respirent toute l'année dans un air de vacances sans rien en dire à personne, de peur que ça se sache, de peur d'abuser. Si vous passez, si vous découvrez, tant mieux pour vous. Cette bleuité de l'air – plus que du ciel – cette auréole dans le creux des vignes et dans le vert trop noir du cyprès tout seul, c'est d'ici. Il y a une douce sécheresse matinale, un bonheur qui a le goût de la mer sans en avoir la dévastation, les foules, le hors saison.

D'ici, on peut parler de partout ailleurs, un bonheur concentrique s'évaporera des entretiens. Toute une sensualité diffuse s'épand du train à la place, des routes aux chemins de vignes et puisque je ne suis pas née ici, si je devais choisir un lieu d'élection précis ce serait par exemple à mi-distance entre Vaison et le Ventoux : le village que j'aime le plus serait Saint-Romain avec sa petite plaque routière juste sur le devant.

Il y a une maison aux murs d'une insondable fraîcheur, une fraîcheur grecque, des tommettes usagées, cirées comme l'hôtel des Voconces, des trouées de bleu, des fraîcheurs épaisses et calmes. On voit l'église depuis la cuisine. Cette masse dans le plein été est à peine une construction, elle sent le puits. Comme l'eau du puits, elle caresse l'intérieur du corps. Des pièces de guingois vous abritent, des lits hauts craquent avec nos rires du soir, dans le jeu de la vérité ou dans les blagues sous la nuit. Un charcutier au physique de cinéma arrêtera demain son camion frigorifique. Ce pourrait être n'importe où mais c'est ici, dans ce point d'orgue, dans cette ombre et ce bleu. La poésie émerge d'elle-même. Le quotidien du poète est imprenable, ici il s'offre à vous, avec un goût de vivre dont on se sent confus : pudeur et indécence mélangées. Je n'ai jamais ressenti le besoin de monter au Ventoux, je n'ai visité la vieille ville romaine qu'après cinq ou six ans de venues ici. Je l'ai d'ailleurs visitée dans une flânerie culturelle, en passant. Voici les traces de l'endroit où commence l'infini. Hosanna !

Marie-Christine BRIÈRE

N. B. : Ce texte inédit était initialement prévu pour figurer dans *Provence, ma haine.*

*Thérèse Plantier et Marie-Christine Brière à Faucon, 1987.
Photo Gille Wittig.*

Thérèse Plantier, Marie-Christine Brière et Alice Colanis, un ami chez Gille Wittig à Paris 13e, 1985.

Alice Colanis

Thérèse Plantier : « Debout dans le mistral corrosif du vrai savoir… »

Têtue comme toutes celles qui ont enfin compris où le bât les blesse, Thérèse ne cesse, sur le mode coléreux, sur le mode tendre, de démystifier notre siècle : puis, remontant aux lointaines racines qui sont déjà des signes engendrant d'autres signes, elle décrypte les traces d'un pouvoir d'autant plus dangereux pour l'humanité tout entière que ce pouvoir fait corps avec notre langue et notre culture.

Et Thérèse écrit *Le Discours du mâle* (Anthropos 1980), rebelle contre un système qui n'accepte des femmes que soumission, elle sait, pour employer une formule de Marilyn French, qu'il est « difficile de conserver son intégrité dans un monde où traditionnellement nous sommes censées renoncer à nous-mêmes » – un monde où la sœur géniale de Shakespeare aurait été rendue folle, un monde où Margarethe van Eyck travaillait sous le nom de ses frères, un monde où Marietta, la remarquable fille du Tintoret, fut maintenue dans l'« ordre » patriarcal !

Femme de silence et de méditation, mais aussi femme de bruit et de fureur, Thérèse mène une vie de plaine et de montagne, d'accalmies lumineuses et d'ascensions tragiques, avec les « hommes de sa vie » aussi différents entre eux qu'un singe d'un éléphant, des amitiés fidèles, des feux de bois, des batailles pour trahison majeure, des semis joyeux dans un jardin provençal, des voyages éclair à Paris en vieux pantalon et espadrilles par temps de pluie...

C'est Thérèse qui la première, je crois, eut l'idée de réunir chez elle pour quelques jours, l'été 1976, dans sa maison de Faucon près de Vaison-la-Romaine, des femmes de révolte et de langage. Toujours le langage. Belles journées, où, dans un désordre apparent, s'affirmait une commune nécessité de dire, par la poésie – et la poésie seule, puisque la langue officielle et virile non seulement est sclérosée par un long usage, mais est aussi structurée pour l'exclusion du « dire » féminin –, ce précis et ce particulier d'une aventure humaine qui par là-même devient universelle.

Le dernier livre de poésie de Thérèse Plantier, *La Portentule* suivi de *Mémoires inférieurs* (parution 1978) n'est certes pas d'un accès facile. Mais Rimbaud était-il facile quand il écrivait :

> Des humains suffrages
> Des communs élans
> Là tu te dégages
> Et voles selon...

Cette sobriété frôlant l'ascétisme, c'est la poésie, moment privilégié où s'estompe le bruit du quotidien :

> Elle est retrouvée.
> Quoi ? L'éternité !
> C'est la mer allée
> Avec le soleil

Peu de femmes ont su dire ces instants où tout bascule, quand la rumeur des jours s'évanouit devant une évidence qui n'a pas de nom. L'on sait maintenant la raison de cette impuissance : les journées brisées, éclatées, des femmes. Les mille appels des petites réalités, des petites « nécessités ». Tout ce qui nous a liées au concret tenace, aux soucis taraudeurs nourris de nos tendresses, et qui étouffent les élans que d'aucuns – et pourquoi pas ? – appellent les « élans de l'âme ».

Car le luxe de l'angoisse existentielle n'est en principe pas permis à la race femelle : toujours, entre Dieu et le cœur des femmes, entre le Vertige et leur cœur, la grande muraille mâle, couverte des signes mâles ; le grand mystère viril, devant lequel les femmes Dogon baissent encore de nos jours la voix et le regard, persuadées de leur indignité, et de leur humble devoir de « service ». L'homme regarde (ou feint de regarder) vers Dieu ; la femme (sans feindre) regarde vers l'homme, principe de toutes choses. Il faut voir comme il joue, lui, de son secret dérisoire !

Et ainsi s'acharnent-elles à conquérir ou à conserver ce rêve, ce vent, dont le mystère, si mystère il y a, est leur propre stupeur d'être au monde. Reportant la question sur celui qui est lui-même questionneur, mais se garde bien de leur en faire confidence en un langage simple, elles en perdent le sens et la substance. Frustrées de l'éternité, elles tombent dans le coup par coup, et si par miracle, leur chant s'élève, ce n'est que pour mieux s'engluer dans une vague plainte ou une langueur.

Je n'ai pas dit que les chants d'amour ne sont pas des chants. De Louise Labé à la « Chanson du mal aimé », des poètes – dont des femmes – ont su trouver « l'accent profond ». Mais il y a d'autres dits et d'autres cris :

seulement les lieux où ils pouvaient être proférés, au-delà de la Grande Muraille, étaient des lieux tabous.

*

Or voici que Thérèse est montée sur les remparts. Là-haut sur les remparts, elle a crié et hurlé de rire, nous appelant : « Mes sœurs, venez voir le désert des Tartares ! Tout est vide jusqu'à l'horizon ! Leurs signes sur le mur ne sont que des clowneries ! Dieu est ailleurs et Dieu n'est pas un mâle ! »

Debout dans le mistral corrosif du vrai savoir, Thérèse s'interroge : « Pourquoi nous sommes-nous tues si longtemps ? Et le silence de nos mères ? Pourquoi ces générations de femmes muettes ? Exclues des signes ? Exclues du rituel ? Admises aux seules pratiques dégradées et routinières ? Aux paroles privées de sens ? »

Et soudain, la grande question : « Le langage nous aurait-il été *interdit* ? »

Thérèse alors se lance dans la recherche, fouille les œuvres majeures depuis l'Antiquité, et elle conclut, avec Leroi-Gourhan, qu'il semble bien en effet, « que le symbole commande l'objet, qu'une chose n'existe que lorsqu'elle est nommée, que la possession du symbole de l'objet ait faculté sur lui ». Autrement dit, qui tient les mots tient un outil de pouvoir, et les mâles hominiens, chassant en groupe, ont probablement bénéficié d'un apprentissage langagier que les femelles ne connurent point : d'où l'explication des images de chasse sur les parois des grottes, tandis que brillaient par leur absence les images d'accouchement. Les femmes n'avaient pas accès aux découvertes symboliques et ne pouvaient inscrire dans le graphisme leur propre histoire. « Le retard culturel pris par les femelles remonte aux périodes préhistoriques dont on commence à peine à connaître quelque chose qui puisse légitimer des caractères convenant à cette race entièrement nouvelle qui fit de la zoologie une sociologie et dont l'encéphale s'organisa en vue d'interventions conscientes », nous dit Thérèse dans son *Discours du mâle* et elle ajoute qu'il n'a servi à rien pour les femmes que les révolutionnaires aient mis dans leur Déclaration des Droits de l'Homme que toute entrave à l'exercice des droits de la parole est une entrave à l'exercice des droits de la pensée !

Au cours d'une évolution technique d'une effrayante lenteur – pendant trois ou quatre cent mille ans, les outils ont conservé le même type –, les femmes elles-mêmes outils à reproduire, ont donc été englouties dans le silence des millénaires, exclues de la parole « initiée », tandis que leur était peu à peu abandonné au cours des âges le langage du quotidien, débris fonctionnel et méprisé.

« Où est-il mon signifiant ? Sur ta figure, Lacan ! », crie Thérèse à l'un des grands gourous de notre temps, de ceux qui n'en sont toutefois pas encore à avancer, dans leur discours psychanalytique triomphant, que « derrière le Parricide se cache le Matricide » ! Et c'est ainsi que, chacun s'exprimant dans sa langue maternelle « qui bien entendu n'est que paternelle, même si elle passe à l'enfant par l'entremise de la mère », maintient à tous niveaux la notion masculine de « pouvoir » : pouvoir du groupe, pouvoir de la Nation, pouvoir du « peuple »… Du signe originel aux grandes abstractions modernes, le tour est joué, les femmes exclues.

Ne cherchons donc pas, chez Thérèse Plantier, les petites tendresses, « les humains suffrages, les communs élans… ». Seulement des constats. Des chocs.

Elle se veut debout dans la vraie langue, la langue première, celle qu'il faut sans cesse créer sous l'abondance des mots usagés, des signes éteints. Pas d'émotions faciles, banales. Refus de l'inflation du sexe, cette inflation lugubre qui encombre tant de recueils de poésie. Mais Thérèse nous dit que « l'été creuse son terrier sous nos racines », et nous éprouvons soudain, sous l'aride saison, le mystère et la crainte du temps qui passe. C'est le début du très beau poème intitulé « Le nom d'Aldo », où Thérèse parle à une jeune femme enceinte – celle qui donnera le jour à l'enfant Aldo :

>à toujours parler d'amour à toujours
>prendre du bonheur des tranquillisants
>aldo aldo
>il naîtra sans bras ton enfant
>l'épousée que tu es n'a pas su se défendre   MI 172

Le symbole est clair : cet enfant qui naîtra sans bras, ce sera l'enfant névrotique, comme il y en a tant, d'une mère aux rêves de pacotille.

Beauté toujours de l'expression, inséparable de la présence obsédante du temps : « Un imperceptible va-et-vient presque palpable, un mouvement de chair ébauché, offre et retire, d'un côté à l'autre du cœur, la détresse. » (« Elle la pendule moi », MI 155). Inséparable du vertige du vide, dans « Larmes » :

>On entend le bruit du sang
>lorsque tombent les larmes
>on entend capoter une forêt au fond
>de chaque oreille
>et dans les os broyés
>on entend le creux.   LP 53

Inséparable de la force tragique de la vie : « Déchiquetés les vêtements, concassées les villes, bues les mers, étranglé le vent, le printemps lance ses flammes au travers de ma silhouette ajourée. » (« Ohphna », MI 138).

La poésie est bien le langage sous le langage, les mots décapés du quotidien, ces mots qui désormais peuvent dire « la mort » :

> fragile
> est la mort
> que cahotent la nuit ses chars-à-bancs
> grinçant au fond des ombres   LP 60

Mais voici que l'humour – il fallait s'y attendre – fait son apparition, férocement joyeux, dans « Village » :

> je patiente sur la place
> dans le vent frisquet
> avec les autres mammifères
> très nombreux ce matin de marché
> […]
> volent en l'air des débris d'âme
> comme des confettis.   LP 69

Il y a aussi cette Rosario « qui rêvait qu'elle était veuve / et qu'elle prenait enfin un peu de plaisir », et enfin, ce poème si drôle, titré « Hara Kiri » (LP 43), trop long et trop d'un seul jet pour qu'on puisse en tirer un extrait.

Il y a peu encore, une poésie aussi forte et âpre eût été violement critiquée : ah ! la violence, ah ! l'absence de féminité dans ces textes.

Heureusement que le pape Jean-Paul va remettre les femmes à la raison, pensent les maîtres du jour, soutenus par quelques maîtres à penser que l'on croit nouveaux grâce à l'antiquité extrême de leur démarche : confondant toutes choses, la douceur et l'hypocrisie, l'intelligence et la virilité, le courage et les rodomontades. Placés sur le coûteux podium de leurs catégories (toujours coûteux pour le peuple), ils persévèrent, bénisseurs et méchants, dans les vieux errements : ici les « sachants » et là les « non-sachants » et les animaux. Ajustez vos lunettes : nous ne sommes pas loin du maître/esclave, et pour nous, les femmes, de la servitude : « Fais la belle et tais-toi ! » Tous nos maris ont tenu ce langage de crétins superbes.

Mais faire la belle, dit Thérèse c'est entrer dans les symboles. Et il est des symboles meurtriers. Meurtriers en tout cas du langage et de la liberté.

Voilà pourquoi, Monsieur le Mâle, votre fille est muette !

Et voilà pourquoi votre langue est une langue morte. Et vos potes, des marginaux.

Alice COLANIS

Jocelyne Curtil

Quelques réflexions à la suite de l'article de Carl Hermey : « Visions le long des *Chemins d'eau* »

J'ajouterais que la poésie de Thérèse est une poésie pas intellectuelle, pas sentimentale, mais charnelle, révolutionnaire, vigoureuse et délicate, pleine d'humour à chaque page.

Corps microcosme (« les reliefs sont en dedans »), c'est lui qui permet une lecture du monde hors des poncifs, ce sont les eaux intérieures qui écoutent et charrient toutes les ombres et toutes les lumières. C'est le regard, le cœur, les tripes, le ventre de la femme, qui délivrent les vrais messages, permettent de plonger dans les abysses, dans un vide plein d'événements insolites :

« À toute vitesse parmi les gargouillements étoilés, émerge la statue enfin du ciel boueux, elle monte de mes entrailles, couverte d'une résille de sang, écorchée. » (CE 37).

Plus près de la surface, ce corps scrute la réalité existentielle comme si *l'inaccompli* en nous émergeant dans les manifestations de l'ego séparateur : mensonge, stéréotypes, conventions, habitudes, multiples dévorations, dominations, malveillance, suffisance, il fallait à tout prix le révéler afin que cette part de nous-même embourbée dans un tel désastre, une telle fausseté et qui se croit tellement supérieure, puisse être changée.

Pris au piège du temps et de l'espace, des logiques, des fausses sécurités déguisées en éducation, médecine, science, culture, religion, poésie, c'est pour tous la même prison. Ce monde est d'abord à déconstruire :

> Nous ne nettoierons jamais assez
> les recoins du désastre   CE 42

Mais quoi ? N'attendons aucune solution miracle. Thérèse porte la même souffrance que nous, se livre aux mêmes compromissions, et n'a que faire de la morale et de la bienséance :

> Il s'en faut que tu sois à ta place, T. P.
> Je ne l'ignore pas et en jouis
> […]
> j'ai ôté le pain d'une bouche
> pour le mettre dans la mienne avec du veau
> personne plus que moi n'en est conscient
> que c'est le veau qui aurait dû me manger   CE 64

Où trouver la vérité ? Certains disent Dieu… Thérèse, en guerrière révoltée, se bat avec lui, l'insulte en tant que caricature construite par les hommes, mais ne cesse de croire à la résurrection et l'adore à sa manière dans son expression à travers la nature innocente, les plantes, les animaux :

> Vous avez fait pour moi
> un ciel léger !
> Vous avez fait pour moi
> la Terre. Je l'ai entendue respirer.

> [...]
> vous avez peint le bord des choses en doré. CE 20

Mais quand le corps trahit, que l'angoisse, la maladie, l'insomnie le dévastent, que reste-t-il ?

> J'ai perdu la substance, la chair
> [...]
> j'affirme nettement rien CE 22

C'est la nuit insoutenable, le déni.

Mais qui dit la nuit dit le jour. Les choses n'existent que par leurs contraires avec lesquels elle sait si bien jongler :

> Pour briller s'éteindre
> [...]
> lancer dans la matière
> les longues soies du jour
> [...]
> parce que je suis une ouvrière
> Hautement Qualifiée
> en amour. CE 21

Il faut lire aussi ses textes pleins de tendresse et de délicatesse, « Lunaluna », ou bien :

> Il porte la terre ce sourire
> ce vase mauve ce liseron malade
> aux racines plantées invisibles
> dans l'éther
> s'accrochant aux failles du vide
> et la matière ronde bleuissant tout autour
> par nos yeux parallèles. CE 46

Le bonheur de la poésie de Thérèse est de nous conduire dans des univers insolites extrêmement vivants (même s'ils passent par la pierre, la pétrification) hors conditionnements et donc plus réels ; dont le rythme – lyrique ou saccadé – nous oblige à une autre respiration, des mondes en permanente déconstruction accélérée où nous trouverons une insécurité vertigineusement étincelante.

Jocelyne C<small>URTIL</small>

À THÉRÈSE P.

À quelle pierre des chemins ton œil fut-il aiguisé, Thérèse ?
et quels gémissements de la terre n'as-tu pas écoutés ?

Blessure d'amour la mort traquée
au plus profond des entrailles
Quelle fleur de ton désir n'as-tu pas portée
en bannière ?
Pétulante Thérèse
Cependant qu'un marécage brûle aux portes
des nerfs, qu'un turelure de pipeau élargit
l'espace, tu bondis dans le moulin à vent des pluies –
femme forte – soulevant de planétaires croûtes
d'un trait de couteau ordinaire
et Dieu les sèche.
Femme dentelle aussi, femme – chemin d'eau – où
boivent les humbles et les chats.
Tu traverses à mourir des univers parallèles,
des champs de bataille et de soleils et tu nous
laisses à la proue d'un monde que ton regard a
désembué sans possible autre chemin que devenir ce que
de toute éternité nous sommes.

Jocelyne C<small>URTIL</small>, 2012.

Carl Hermey

Visions le long des *Chemins d'eau*

Le flux continu de la réalité est un thème important pour Thérèse Plantier, ainsi l'eau, l'océan, les fluides donnent des images qui comptent dans ses poèmes.

L'eau non seulement évoque ce qui est mouvant, agité et coulant mais « chemins d'eau », titre de son premier recueil, suggère qu'en nous laissant submerger par le flot, nous pouvons arriver quelque part. Les chemins d'eau de Thérèse Plantier conduisent presque toujours vers le fond, les abysses.

À l'inverse d'Andrée Chedid qui regarde constamment en direction du ciel pour en extraire le feu et la lumière, Plantier regarde toujours au fond et à l'intérieur, tournant le dos au ciel, s'arrachant de la surface du réel pour pénétrer les mystères de la personne humaine.

> Jamais si proche du songe qu'est le vide
> jamais si loin de l'entassement des cieux   CE 31

C'est ici dans le vide du rêve qu'elle découvre ses chemins d'eau, son « canal d'ombre ».

Très lié au thème de l'eau et du flux, il y a le voyage : une partie du recueil *C'est moi Diego* a pour titre « Voyages ». Souvent les allusions aux bateaux, vaisseaux, peuvent s'associer à la poète elle-même lors d'un voyage imaginaire dans l'inconnu, ou bien au lecteur qui accomplit le voyage indirectement, par ricochet. Dans le poème qui commence par « Bel arbre, blanche éternité », cette dernière s'unit à la terre qui nourrit l'arbre, plutôt qu'au ciel. Inscription de notre confiance en l'arbre qui apaise alors notre désir.

Bien que quelques bateaux – et avec eux le poète-voyageur, le lecteur passager – soient rattachés aux prisons du ciel, ils peuvent espérer encore se mouvoir, car dans chaque embarcation pousse l'arbre d'éternité.

Pour établir le lien entre le poète et ses voyages, le lecteur devra abandonner certains préjugés et oublier les conventions qui conditionnent sa lecture : « Laissez mourir votre mémoire », lance-t-elle au lecteur dès le premier poème de *Chemins d'eau*. Il ne faudra pas craindre l'obscurité ni les rêves :

> éveille les ombres chasse le silence
> tends-moi la nuit ses songes
> où n'apparaît jamais la face de Dieu   CE 70

Dès l'instant où l'image de Dieu a été éliminée comme point de mire de l'absolu, le poète ne peut prétendre connaître la destination du voyage humain : « Vers quelles ombres partirons-nous, ma colorée ? » (CE 38).

L'arrivée à bon port précédemment visée est remplacée en deux vers par les ombres incertaines. Plantier ne veut pas de l'aide divine. Les pouvoirs divins ne s'étendent pas au-delà d'un stérile univers bourgeois :

> Viens rincer la salade
> et par ce geste t'égaler aux Dieux   CE 43

Au milieu d'un vide sidéral à jamais grandissant, la voix de Dieu parle de broutilles :

> En proie à d'ignobles maladies l'espace prolifère
> çà et là surgissent du vide des nodosités
> Dieu cancane   CE 31

L'univers poétique de Plantier est un monde de flux perpétuel. Il n'y a pas de certitudes, pas de durée, rien n'est stable ni consistant, pas même la voix du poète. Son identité comme un courant rapide ne cesse de se vider du passé pour s'emplir du nouveau. Pour elle, la vie est une succession sans fin de morts et de renaissances (« Je suis née cinquante fois ») et chaque vie nouvelle amène une nouvelle identité. Comme l'arbre, la personne peut être transplantée dans un sol nouveau et, grâce au traitement poétique, peut se régénérer chaque fois :

> Il n'existe pas de saison pour semer le corps
> toutes sont bonnes
> et nous cherchons sous les poèmes la science perdue   CE 61

Le rêve est bon pour catalyser ce traitement régénérateur :

> je ne peux m'endormir sans devenir la terre
> sans rabattre mon linceul   MI 178

En ce que la mort est le début d'une vie nouvelle, il n'y a pas à la craindre ; au contraire, Plantier l'appelle « mon amie la mort ». Elle va jusqu'à imaginer toutes sortes de relations entre la vie et la mort.

Pour la poète, la destruction de la forme, du contenu et de la syntaxe – dans leur conception habituelle – doit être accomplie puisque seront subies la mort et la renaissance comme une transformation : « Reviendrai-je, morte, épouser un vivant ? ou, nouvelle-née à la mort, hanterai-je votre table, nouveaux-morts à la vie ? » (CE 74).

> Si la vie et la mort m'étaient équidistantes
> je courrais pour atteindre la seconde
> j'éprouve pour elle une passion   CE 72

Elle achève cette destruction (de diverses façons) et va jusqu'à en parler directement dans sa colère contre la façon de penser de la classe moyenne et son cynisme envers ses propres institutions :

> Ce mensonge qui te fore
> je le suis à la trace
> dans tes labyrinthes
> sous le ciel petit bourgeois
> foudroyé d'épaves
> tartiné de corruption   MI 191

Sa fureur contre les poètes petits-bourgeois est encore plus forte qui ne connaissent rien de ce qui est authentique, qui pensent que « tout continue pareil » et croient aveuglément dans les mots « papa-pontificaux ».

Une condition pour renaître sera alors pour la poète de retourner sa colère contre elle-même :

> À en vomir je me grignotais
> [...]
> je m'entrouvrais le ventre
> au crépuscule
> sans un pleur sans un commentaire.   CE 47

La destruction a son importance aussi pour saccager l'outil d'expression du poète, le langage lui-même. Les mots n'ont rien de statique, comme l'esprit humain, ils reflètent, ils changent sans cesse, bougent et se déplacent et se décentrent. Plantier arrache les mots de leurs contextes habituels, les place en des séries juxtaposées neuves et toutes en tension – qui reflètent le travail de sa vision hautement personnelle.

*

L'intensité de la poésie de Thérèse Plantier vient de son combat incessant avec le langage. Sceptique quant au langage lui-même, elle le considère comme le véhicule de la pensée bourgeoise, tout en éprouvant le tourment du besoin de s'exprimer. Si l'on parcourt ses quatre premiers recueils publiés (de *Chemins d'eau* à *Jusqu'à ce que l'enfer gèle*), on perçoit à quel point cette lutte devient de plus en plus intense. Dans *Chemins d'eau* nous voyons d'étranges paysages hallucinatoires, de sombres canaux, des clairières semées de pierres noires, d'arbres en forme de pieuvres, et planant sur les têtes, des ciels congestionnés. Ces juxtapositions font penser aux techniques des surréalistes assiégeant la raison et la logique.

Mais plus nous avançons dans la quête poétique de Thérèse Plantier, plus nous voyons que l'attaque livrée à la raison est moins importante que celle livrée contre le langage.

Dans l'introduction à son troisième recueil (*C'est moi Diego*), Thérèse Plantier compare notre langue à une « novlangue » orwellienne de laquelle certaines pensées sont chassées, puisqu'en sont exclus les mots pour les formuler : « En bon politicien, G. Orwell avait bien vu comment grâce aux dictionnaires, grammaires, porte-voix et la servilité des professeurs on pouvait complètement transformer l'entendement. Mais n'étant qu'un homme, il ne s'était jamais inquiété de se demander si un tel assassinat de l'esprit n'avait pas déjà été perpétré au cours de l'histoire. » C'est exactement la tentative entreprise par T. P. dans son remarquable essai-pamphlet *Logos Spermaticos - essai sur le langage*, paru chez Anthropos. Dans ses derniers ouvrages, Plantier utilise un vocabulaire couvrant le vaste champ de l'argot jusqu'aux termes scientifiques, débouchant vers ce qu'on ne peut désigner que comme pure cacophonie. On peut aller jusqu'à penser que par l'usage des mots les plus rares dans les contextes les plus bizarres, Plantier tente d'éclairer les recoins les plus cachés du langage et de se débarrasser du verbiage qui entrave la véritable pensée et la communication.

Depuis que la poète n'est plus sûre d'avoir quelque chose de défini à communiquer par les mots, elle n'utilise plus ceux-ci comme reflétant la pensée, et ne peut donc que relier des continuités de sons. Thérèse Plantier doit cependant être convaincue d'une continuité intérieure verbale même si celle-ci réside hors du royaume des significations immédiatement logiques. Car sa poésie a creusé si loin dans la dimension phonétique qu'un passage comme celui-ci est virtuellement intraduisible :

> Langage convulsé langage révulsé
> parturition pour bandes démagnétisées
> oh ma double hélice
> acidée
> désoxy
> ribonu
> cléique cloaquisée vingt (20) amino-acides
> nucléotides
> automate autoréplicateur ces adorables sacculines
> JCQLEG 15

Cet embouteillage de mots, justement désigné comme un « langage révulsé » sonne comme un langage scientifique et c'est pourquoi il convient sans doute de l'appeler : « ces adorables formules ».

Il serait difficile, impossible peut-être, de trouver une signification, ou une logique dans ces mots, et l'appel lancé un peu plus loin par la poète – « *integrate them deary or else they'll die* / intègre-les chérie sinon ils meurent » – est sans doute ironique. Ce que le passage met en scène cependant, c'est le procès des mots qui essaient mais échouent à être des mots, ou, pour le dire autrement, échouent à être des mots car ne parvenant plus au rang de signes.

Une fois le cordon ombilical reliant le mot au réel qu'il symbolise tranché, le monde cesse d'être quelque chose d'autre qu'un bruit, ou une tache noire sur le papier. La tâche du traducteur devient difficile face aux derniers recueils de Plantier ; en effet, dans les poèmes proches de celui que je viens de citer, la langue est le sujet même du poème.

La force de cette poésie réside dans le jeu verbal : rimes internes, assonances, formules onomatopéiques de la langue française. La logique basée sur la cause et l'effet, agissant sur des points fixes dans l'espace et le temps ne concerne en rien les poèmes de Thérèse Plantier. Nous sommes plutôt confrontés à une sorte particulière de mobilité et d'association qui opère dans sa poésie, sa propre « logique » consistant à voir les choses simultanément, où motifs et images se chevauchent, dans la totale ignorance des notions habituelles de temps et d'espace.

*

En même temps que cette destruction de la logique linéaire qui assigne un mot donné à un sens donné, Plantier détruit la notion de style singulier et caractéristique qui voudrait que l'on identifie tel écrivain à telles particularités.

La seule façon de caractériser le style de Plantier serait de dire qu'il n'a aucune caractéristique stable, qu'il est en constante métamorphose. Parfois sa poésie est doux et calme flottement qui ne heurte ni la sensibilité ni la raison :

> Parce que j'avais senti la première odeur de l'été
> j'avais cru que je vivrais mille ans
> auprès de toi   CE 65

Parfois elle crée une tension dans le sens d'un vers en cassant notre conception logique de l'espace, tout en retenant un flot rythmique dans la langue elle-même :

> Mes membres fourmillent de reflets pétrifiés   MI 178

Autre exemple : « J'ai porté à ma bouche la coupe emplie de nuit ». (CE 74)

Mais d'autres fois, cette tension suivie de rupture des sens s'assortit d'une disharmonie semblable dans le style lui-même :

> Langage convulsé, langage révulsé
> parturition pour bandes démagnétisées
> oh ma double hélice   JCQLEG 15

La poésie de Plantier ne se borne pas à décrire le flux de la vie ; elle transcende les mots usuels, dans un sens logique, elle décrit ou symbolise une réalité donnée qui se trouvait derrière eux. Sa poésie s'identifie réellement, totalement, au flux vital.

Les mots font partie intégrante du courant, et comme la poète ne fait qu'un avec ses mots et même naît de ses mots (« Le langage est notre maman »), la poète devient elle-même partie intégrante du courant. La forme et le fonds ne constituent qu'une seule et unique matière chez Thérèse Plantier. Dans sa poésie les mots sont bousculés et heurtent la signification habituelle. Par moments ils se trouvent reliés par une sonorité abrupte, rêche, qui s'adresse plus à l'oreille qu'à la compréhension.

Ces mots sont emportés par le courant rapide de son poème, ils se bousculent, s'éloignent les uns des autres, chaque méandre et bifurcation du courant vient briser cet énorme embouteillage verbal et les mots trouvent de nouvelles postures, juxtapositions, tombent dans un contexte nouveau au contact des autres, trouvant ainsi une signification nouvelle.

La poète elle-même est si intimement mêlée à ce flot verbal que la métamorphose du langage engendre un changement au plus profond de sa personnalité. Pour le dire autrement, la poète parvient à changer sa propre personne en modifiant le courant des mots tout autour d'elle :

> la poésie te suinte aux mains tu as les mains
> rouges de poésie
> il en découle des gouttes des pastilles des rosées
> où je me régénère me renature me surnature   CE 62

Carl HERMEY

Traduit de l'anglais (États-Unis)
par Marie-Christine Brière, janvier 2012.

Dans une lettre adressée à Carl Hermey, datée du 20 juillet 1975, Thérèse Plantier se dit « très heureuse d'avoir été si bien comprise et décrite ».

Thérèse Plantier et Carlo Jansiti au Mérigot, 1988.

Carlo Jansiti

« Elle riait... »

Elle riait. C'était tantôt une détonation, tantôt un roucoulement de tourterelles. Quand on prononce le nom de Thérèse Plantier, quand je pense à elle, c'est toujours la sonorité de son rire qui me revient. Et son regard, si perçant qu'il en devenait troublant. Son visage faunesque, son nez, qu'elle qualifiait de « boxeur », faisaient penser à un Daniel Guérin en jupon.

Notre amitié fut de courte durée mais très intense. Certaines rencontres semblent prédestinées.

C'est en Italie, au cours des années soixante-dix – j'étais alors un adolescent ne connaissant pas un mot de français – que Thérèse fait sa première apparition dans ma vie. Une amie, Lia Sellitto, auteur de récits pour grands enfants, m'avait conté son dernier voyage dans le midi de la France. Dans un café de Vaison-la-Romaine, elle avait fait la connaissance d'une femme tonitruante qui l'avait séduite par la drôlerie de ses foucades. Lia évoqua avec tant de finesse sa rencontre avec Thérèse Plantier que je regrettais de ne pas la connaître... J'étais loin d'imaginer que, bien des années plus tard, je croiserais la route de cet oiseau de proie.

C'est en 1987 que je lui ai écrit pour la première fois. Je n'avais pourtant rien lu d'elle. Je lui demandais simplement un entretien au sujet de Violette Leduc, qu'elle avait très bien connue. Je préparais alors ma biographie de l'auteure de *La Bâtarde*. Ma lettre resta longtemps sans réponse. Thérèse se méfiait du « jeune chercheur italien » qui manifestait « un intérêt passionné » pour Violette. Elle avait cru à un canular. Elle me l'avoua au téléphone quand, n'ayant pas reçu de ses nouvelles, je me décidai à l'appeler.

Elle habitait Faucon, un village sévère, bâti sur un piton et que domine le Ventoux. Violette Leduc découvrit Faucon grâce à Thérèse. Elle y vécut ses dernières années, y murut et y repose. L'accueil que Thérèse me fit fut chaleureux. Elle comprit aussitôt, au ton de ma voix et surtout à mon accent, que je ne lui avais pas menti.

Elle m'invita à lui rendre visite : « Robin, mon adorable jeune mari et moi, quittons le Vaucluse, me dit-elle. Nous avons acheté et arrangé une maison dans un tout petit hameau, Mérigot, près de Thénon. Nous serons à sept kilomètres du Château de l'Herm que le percepteur Eugène Le Roy fit détruire par son héros Jacquou le Croquant. Vous l'avez lu, tous les enfants l'ont lu ! Cher Carlo venez, il y aura des vaches, des oies, des truffes, des rivières – la Vézère –, des truites, tout, tout ! »

Quelle gaieté ! Pourtant, elle était en sursis. Thérèse faisait face à sa maladie avec beaucoup de dignité. J'ignorais que son élan si affiché pour la vie était un admirable pied de nez à la mort.

Pendant plus d'un an, nous nous sommes beaucoup écrit. Elle m'avait également adressé certains de ses livres

– son *George Sand ou ces dames voyagent*, sa *Provence, ma haine* – accompagnés de dédicaces affectueuses et alambiquées.

Dans ses lettres, elle me parlait aussi bien de son quotidien paisible que de ses péripéties passées, de ses quatre maris, de ses divorces, de ses amours féminines, de ses amis morts ou vivants, de Jean Giono, de Panaït Istrati, de Simone de Beauvoir avec qui elle avait longtemps correspondu, de Violette Leduc, bien entendu, dont le souvenir contrasté (« Ce fut une haine d'amour », disait-elle) la hanta jusqu'à sa mort.

Et encore, de Sand, de Venise, de Rome qu'elle « adorait », où elle était allée au moins vingt fois – elle avait tellement voyagé qu'elle avait « perdu ses voyages en route » – de la Via Appia du temps où elle n'était pas « macadamisée », des tortellini d'Alfredo, maître cuisinier d'un restaurant pour stars, de ses propres recettes de cuisine (elle était excellente cuisinière), enfin de tout ce qui lui traversait l'esprit et souvent l'emballait, verbe qu'elle chérissait et qui la résume si bien.

Thérèse me servait toujours un de ces délicieux coq-à-l'âne dont elle avait le secret. Elle possédait l'art d'aborder et de lier avec panache les sujets les plus variés et les plus incongrus. Et comme elle jugeait ses missives trop longues, elle les terminait parfois par un « Eh bien, je vous en raconte ! Vais-je ou non me taire ? »

Au téléphone, elle se plaisait à déconcerter. « Mon mari est un géant, il frôle les deux mètres » dit-elle un jour à brûle-pourpoint, d'une voix crâneuse. « Oh ! Il vous faut un escabeau… » dis-je. Thérèse s'esclaffe, puis me répond d'un ton attendri que je n'oublierai jamais : « Pour arriver jusqu'où ? »

Je ne peux oublier le jour de mon arrivée à la gare de Périgueux. C'était à l'automne 1988. Thérèse et Robin, habillés de noir, portant le même chapeau à large bord, presque déguisés, m'attendent sur le quai. Quelque chose d'étrange, de poignant et de guignolesque à la fois, se dégage de ces êtres qui s'aiment d'amour, s'admirent, écrivent des poèmes. Cinquante ans les séparent. Robin Morlot a depuis peu dépassé la trentaine tandis que Thérèse approche quatre-vingt ans. « Nous nous sommes mariés en 82, me dit-elle, j'avais 71 ans, lui je ne sais plus, nous voulons ne jamais penser à notre différence d'âge. C'est bien clair ? »

Robin, gaillard ombrageux aux yeux bleus et aux longues boucles d'or (« Quelque chose en toi penche trop, écrit-elle dans l'un de ses plus beaux poèmes, mais à la façon des statues »), paré de grâces autant viriles que féminines, avait tenté de se suicider très jeune à la disparition de sa mère. Il ne surmonta pas celle de Thérèse en 1990 et se donna la mort peu de temps après.

Le matin, chez eux, dans le living où je dors, vaste pièce encombrée de meubles, de livres, de dossiers, de portraits de Thérèse, de lustres accrochés entre les grandes poutres, dans ce ravissant bric-à-brac, mon hôtesse me réveille au son de marches militaires allemandes. C'est le Triomphe du jour. Nous travaillons ensuite assis côte à côte à la table où Thérèse, la veille au soir, a accumulé tout ce qui concerne Violette.

Tandis que Robin vaque à ses occupations dans le potager, que le bœuf en daube mijote, que le feu vivote dans la cheminée « où bouillotte le café dans sa majestueuse cafetière », je questionne Thérèse. Elle ne me répond pas toujours directement ; elle préfère lire à haute voix des extraits de son Journal. Elle me confie la photocopie de toutes les lettres qu'elle a reçues de Violette Leduc et me fait don, au grand dam de Robin, d'une centaine de pages manuscrites et de notes qu'elle a prises à mon intention au cours des derniers mois.

Je sens confusément que le retentissement de *La Bâtarde* a troublé Thérèse. Tant que Violette Leduc demeurait obscure, elle éprouvait le sentiment grisant de la posséder. « Vous écrivez comme Van Gogh peint. Vous êtes un grand écrivain et je suis fière de vous connaître », lui écrivait Thérèse dans les années cinquante. Le jour où Violette a connu le succès, elle lui a échappé.

Après le travail, nous sortons parfois. Nous allons déjeuner chez *Adrienne*, un petit bistrot de campagne qui sent le chou et la rose. Un jour son éditeur nous invite à dîner tous les trois chez lui à Périgueux. Thérèse s'habille de rouge de la tête aux pieds. Sa robe évasée, qui date des années soixante, lui sied à ravir. Elle est euphorique.

Dans cet appartement, où l'on respire le confort guindé propre à la petite bourgeoisie de province, Thérèse fait sensation. Robin, lui, se moque gentiment du maître de maison, lui prend la main. L'éditeur se laisse aller au jeu, réplique avec intelligence. Thérèse a des fous rires, couvre son visage avec la serviette, puis prend l'une des feuilles mortes déposées sur la nappe en guise d'ornement et la mâche... Elle parle de Breton et du beau collage qu'il fit d'elle et que je contemplai, un jour, chez elle, en ne réprimant pas la phrase qui me vint à l'esprit : « On voit votre cul par Breton, mais ici on ne trouve pas où s'asseoir. »

L'éditeur nous lut quelques poèmes de Thérèse, tirés du dernier recueil *Je ne regrette pas le Père Ubu*. Les phrases résonnaient dans cette pièce douillette :

> moi j'entends mal du côté du cœur
> mes amis qui le sont d'amour
> pourtant
> je me suis jetée à l'emporte-pièce
> dans les toiles arachnéennes de l'amour

On parle, on danse, on écoute Édith Piaf.

Le lendemain matin, je prends le train pour Paris. En m'accompagnant à la gare, Thérèse me dit que son chat, monsieur de Brinchet (ou plus simplement P'tit), tombera sûrement malade devant mon lit parce que je n'y coucherai plus... Elle m'offre un cadeau de départ. C'est une carte postale qui représente une figure ailée. Au dos, elle a écrit : « Que cet ange aquitain vous vienne en aide ! » Je la remercie, je lui promets de revenir. Je lui dis que je l'aime. Thérèse me répond : « Moi aussi. »

Voilà. Le reste est notre secret.

Carlo JANSITI

Jean Rousselot

Préface à
« Jusqu'à ce que l'enfer gèle »

Plus je pèse, soupèse, pétris, mordille, écorche la liasse de vos prosopopées, le *Stabat Mater* par exemple, qui me fait penser à un cœur arraché d'où pendent les artères, moins je me sens tenté de les ficeler d'une préface qui aurait, c'est le rôle des préfaces, à les définir, situer, commenter – et pourquoi pas à les justifier et vanter ?

« L'évidence paralyse la démonstration », disait Blake. Dévalant « la littérature en roue libre », vous m'avez empoigné au passage et je vois arriver, avec une terreur mêlée de fureur joyeuse, l'instant où nous allons ensemble nous assommer en fracassant, tout en bas, la vitrine du libraire, autant dire du monde des idées ou encore des manières – et bonnes ou mauvaises c'est tout un.

Alors, jeté comme je le suis en travers de votre vélo fou, qu'écrire et comment écrire de cette liasse palpitante qui est vous, complète, des viscères aux vapeurs, des ricanements aux « saintes » colères, vous, gourmande de faits divers à poil autant que de raffinés cantos en toutes langues, vous, pétroleuse capable de mignoter l'enfer jusqu'à ce qu'il en gèle ? Oui, qu'en écrire, sinon que j'admire la pétulance forcenée, quasi préhistorique et jusqu'à la cacophonie de cette espèce de turba de la Passion humaine, dont vous êtes à vous seule la voix multiple ?

Jean ROUSSELOT, 1974.

ON APPELLERA ÇA POST-SCRIPTUM

On appellera ça post-scriptum. Rentré chez moi, j'y ai retrouvé vos livres. Et dans l'un deux, *La Loi du silence*, votre carte de visite (tiens, vous vous appelez aussi Estivalet ? c'est chouette) où vous évoquez les « mêmes combats » que vous et moi avons menés et menons, vous « plus paresseusement quoique plus coléreusement » dites-vous. On ne va pas ergoter là-dessus ! Le surréalisme vous prit plus tard qu'il ne m'avait pris. Il est resté en vous plus longtemps qu'en moi. Je parle de son langage et non de ses objectifs, car je mourrai sûrement persuadé qu'il n'y en a pas d'autres à opposer à la fatalité de la vie, à l'outrecuidance de la raison et, comme le dit Cummings, à la légalité de la mort. Paresse ? Colère ? Je ne vois pas très bien ce que cela veut dire. À votre « volonté de vertige », que Breton avait si bien comprise, disons que j'ai assez tôt préféré une volonté de lucidité qui me permît d'être à la fois vertigineux sans avoir recours à « l'Autre » et de chercher avec cet Autre comment briser les plus tangibles chaînes, appelons-les sociales, de notre commune condition. Vous dites quelque part que les mots sont des « juifs », qu'ils portent « la cagoule », qu'on en a fait « des autodafés sans remords ». J'admire. Mais j'admire aussi que, lâchant pour une heure ou pour un an « l'antilocus » où vous laissez ces mots se débrouiller avec les choses dont ils sont porteurs, comme dirait Daumal, vous en preniez d'autres à votre compte, ceux du « moi » qui « bégaie » le moins. De telle sorte que vous ne soyez plus « assourdie » ni « flouée », ni « licenciée » par votre patron lui-même, qui est bien vous, d'évidence. De telle sorte que, voyant un « tireur d'élite » abattre un nègre qui « courait sur la pelouse » ou une pauvre vieille déféquer par la fenêtre d'un wagon bourré de fuyards parce que, non décidément, pas moyen d'enjamber les gens pour aller aux toilettes, encore moins de faire stopper le train sous les bombes, vous puissiez, vous, Thérèse Estivalet-Plantier, nous donner à voir, à condamner et à combattre cela, qui est la réalité même du monde où vous et moi, comme le nègre et la vieille, comme le langage qui nous fonde sans nous consulter, sommes requis de vivre, de parler et de mourir. Oui, et je ne reviens pas sur ce que je vous ai écrit, sinon pour le rendre un peu moins sommaire à partir d'une relecture du livre de vous que je préfère (quoique, *C'est moi Diego*…). J'aime en vous, à la fois et tout autant, la femme qui, « éclatée aux confins de l'amour s'est chassée à courre elle-même » et celle qui, après avoir posé pour principe qu'elle n'a pas « le désir de nous endoctriner », proclame que « si l'on ne dit pas tout on ne dit rien ». Vous croyez si fort qu'il faut tout dire, y compris la merde et le sang, la colère et le courage qu'il faut pour les éponger, comme eût dit Chamfort, que vous employiez par deux fois la formule au fil de cet extraordinaire texte en prose dont la moitié gauche de l'*Omerta* (ou l'omertu ? en sicilien, je crois que c'est omertu) est occupée, texte qui, si j'ose risquer un facile jeu de mots, est homérique et omertique tout ensemble, quoique vous ayez pu faire pour lui imposer une discontinuité, dirai-je convulsive, à laquelle le *Poisson soluble* de Breton n'est lui-même point parvenu. Et parce que « le sommeil des monstres engendre la raison », parce que « le style, c'est la tragédie de l'homme », et aussi parce que, fort heureusement, vous n'avez pas du tout fini par vous débarrasser de votre style à vous en vous débarrassant de votre pudeur (je vous cite toujours, amie !), voilà votre volonté de tout dire à tel point accomplie sur votre « violon dingue », que vous réussiriez aussi bien à me tirer des larmes sur le sort de la rue d'Aligre (« elle se donnera la mort c'est couru... ») qu'à me convaincre que « l'hermétisme du langage renforce la fiscalité », ou encore à me faire chérir

> non l'amour mais l'orgueil
> sous sa chasuble vermeille
> raidie de sang séché

Derechef merci d'être capable de tout dire, sans oublier l'été « où la face de Dieu sue à travers les hommes » et de « stopper net comme l'honnêteté » quand il vous chante de « chanter ô gué ». À la « totale disparition » que vous voyez au terme du torrent poésie « qui nous boule en bas », j'oppose la « phrase enfin reconstituée » qu'il vous arrive, à vous-même, de lui préférer.

Jean ROUSSELOT

(date inconnue, postérieure à 1975).

Anne Teyssiéras

Préface pour une réédition de « C'est moi Diego »

Dressée contre le silence la parole se fait acte. Mais elle est aussi le détour d'une longue patience et de l'attente – la certitude où le doute demeure. Répression inerte, plus que représailles, le silence est alors cet espace concentrationnaire de la parole – que le poète pulvérise à chaque moment de son œuvre – moment toujours remis de la révolte et toujours actuel, instant vécu d'une affirmation solitaire : les mots dans leur vérité percutante se jettent au-devant de l'histoire. Face à l'ordre pesant, le poète n'a d'alibi que dans cette constante déperdition de son moi, cette perte du sens qu'est l'exil volontaire. Il s'affirme dans ce qui le détourne de lui-même : son langage. Dès lors il sera difficile de le saisir dans l'intention qui le disperse en mots, dans l'exigence qui le rassemble au seuil d'une pensée comme à venir. L'œuvre est le non-lieu du poète en même temps que son séjour. Absence : présence d'une voix – présence que nous n'atteignons que dans ce retour d'absence qu'est notre lecture. L'approche ne saurait prendre fin dans le retrait d'une œuvre qui nous affronte à l'infini de notre attente.

Telle apparaît au premier contact la poésie de Thérèse Plantier. Provocante, elle trouble – subversive, elle devance – solitaire, elle inquiète – familière, elle dépayse. Le confort de l'ordre établi s'y tourne en inconfort, l'affirmation en négation de ce qui est. Éclatement, éruption, violence – mais aussi : déperdition, effondrement sur soi et surgissement magique : vécue contre le cynisme lucide qui la fonde, la parole réprimée agrandit le poète, la femme, en l'obligeant à s'exposer en un seul point immédiatement circonscrit : elle-même. Mais sa mobilité (son constant effacement) saura la garantir.

Parlant de Thérèse Plantier il faut à toute force généraliser dès l'appréhension. Témoin à charge, la vérité est nécessairement impersonnelle : *on* nous accuse. Alors même qu'elle nous somme par la voix d'une femme cette vérité semble vouloir nous éloigner de cette femme aussi sûrement que le veulent notre épaisseur et notre opacité. C'est que la mort des traditions ne saurait être instantanée. Nous assistons, étonnés, à une lente agonie des apparences, à l'effritement des concepts et des modes de la culture – et notre premier mouvement est de désarroi et de crainte : des mots nous accueillent en nous agressant. Notre second mouvement sera bien de recul, mais c'est alors que le poème nous apparaît comme la loi nécessaire à une liberté pour se poursuivre en nous. Tout change. Cette quête de la parole (nous l'apprenons) n'a de réalité vivante que dans ce mouvement qui la divise, n'a de vérité que dans le désir qui nous porte vers elle. Itinéraire tragique et contradictoire : chaque mot est en même temps que l'obstacle final le saut qui le franchit. Thérèse Plantier nous dérange, mais elle nous jette aussi dans l'émerveillement de créer, antérieurement à notre lecture, ce qu'elle a écrit. Involution de la Parole qui se reconnaît en moi et que j'ai le devoir de rétablir dans son errance originelle afin de m'y reconnaître à mon tour. Notre troisième mouvement est d'adhésion. S'il reste en ce monde quelque chose à sauver, ce sont ces mots qui me désignent et me traversent en me dérobant à moi-même ; pour sauver (le monde en moi) il faut détruire, pour créer le monde nouveau il faut avoir aimé ce qu'on détruit : « lancer dans la matière / les longues soies du jour / descendre bleue dans le violet /… / prendre le dessin /… / parce que je suis une ouvrière / Hautement Qualifiée / en amour ».

Quant à nous, voleurs d'écriture, nous voici encouragés par le poète à cet élémentaire détournement de *fond*. Toute affirmation devient subversive par l'attention qu'elle soulève, et chaque poème de cette « ouvrière Hautement Qualifiée » est le moment actif qui, dans ce glissement de l'imperceptible (pensée) à l'expression, renverse (mes) valeurs. La profanation de l'Ordre dans les mots se retourne en acte sacré. Jusque dans ses bouleversements les plus intimes la poésie de Thérèse Plantier est une aventure moderne – mais vécue contre la notion de toute modernité : intemporelle et plus que sa vie, l'histoire d'une femme. S'interdisant de rien résoudre (les questions s'enchaînent à d'autres questions, les portes s'ouvrent sur des portes) elle donne à voir, mais d'un monde qui n'existerait pas encore, l'Idée (la promesse ?) rassemblée dans une vision où se développe en négatif l'imposture de ce monde-ci. En une suite d'images rapides et violentes s'ordonnent les éléments d'une révolte, la rigueur de la pensée sort un désordre volontaire, et si l'ensemble de l'œuvre apparaît comme la solution d'une énigme, ce n'est que l'illusion donnée par l'unité troublée, et troublante, de cet ensemble. Point de solution : des éclats – le langage a ses trous d'air, mais nous sommes saisis par ces passages à vide aussi sûrement que par la poigne du poète en quelque formule magique. Le monde ne s'est pas fait en un jour. La création de celui-là exige une sur-création et, d'abord, le retour au chaos.

Entendons que Thérèse Plantier, pour autant qu'elle regarde ailleurs, ne doute pas de ce qu'elle voit, ici, ni d'elle-même. Regarder ailleurs, c'est être là pour dénoncer ces mensonges imperceptibles – leur contagion étant le résultat d'un conditionnement qui, déplore-t-elle, prive la pensée de toute expression personnelle. La récupération de la différence par le langage traditionnel et historique nous place en face du racisme : sentiment d'infériorité de la femme, du noir, qui n'accèdent à la pensée que selon des termes qui les ont exclus. Thérèse Plantier refuse le confort des compromis. Ce sera sa négritude, sa « fémonégritude » : « Viens je vais te rejouer viens Césaire / avec mes archets calcinés / parle-moi je recopierai / trempant à chaque fois mes armes dans ton feu... » et, parlant des femmes : « Nous sortons à flots épais de l'histoire... ». Ces flots sauront devenir menaçants. Pour cela il ne suffit pas de répertorier les moments de l'histoire – ce qui est une façon encore traditionnelle d'admettre l'injustice et de s'y conformer – mais en chacun de ces moments, il faut encore trouver la faille, la charnière qui permettra de refermer le livre. En somme, s'appuyer sur le passé le temps de s'élancer dans l'avenir – reconnaître le mal mais en quelque domaine que ce soit (social, individuel) l'aggraver en l'élevant aux dimensions d'une rupture. Changer de rive. Et ce n'est point vouloir échapper à sa condition : « Je gratte mes nuits pour faire apparaître leurs traits... / mes amarres ne cassent pas » (ses amarres, oui : ses racines), mais la remettre en cause, cette condition, dans une prise de conscience aiguë, la repenser librement à travers cette forêt de symboles qui la recouvrent. Thérèse Plantier pose les repères d'un passage sans se laisser distraire par les illusions, ou les tentations, de sa liberté, et, parmi les broussailles (les foules moutonnantes), elle s'ouvre un espace invisible à coups de machette de guerre – invisible, car : « j'étais la colline / et si tu veux / l'incendie qui la ronge… / et aussi cette imminente mort / de ce qu'on a le mieux aimé / sans le savoir ». Et bien qu'à la disposition de tous son itinéraire reste un chemin de solitude, il appartient à chacun de le retrouver, de le retracer pour son compte. La lucidité exige ce détachement, cette rupture avec le passé, cet élan vers l'avenir – et ce retour à soi jamais fini quand objet et sujet tendent à se confondre, révélés dans le reflet d'une seule et même absence au monde présent – au monde absent de sa présence, s'il reste la juste mesure de notre attente. Point neutre de la connaissance, en une jonction impossible, c'est la pensée seule qui crée de l'espace : « Les notions de dedans et de dehors ne me convenant guère, écrit Thérèse Plantier, une fois pour toutes j'ai situé le connaissable à la *jonction*. D'où l'importance du contact, ma seule voyance. » Mais aussi : « Je ne sais jamais qui est moi. » Il reste que notre paysage mental est sauf dès l'instant qu'il devient le lieu vacant de notre déploiement.

Mais Thérèse Plantier va plus loin. Chez elle l'unité de ce moi dispersé s'affirme et se résout dans un *dévoiement* rigoureux de l'expression. Désordre : ordre sauvage – la parole future est ligne de feu. La vie de la pensée exige un dynamisme vigilant pour ordonner - désordonner les divers moments de l'être, les rassembler en un geste rapide dont chaque poème sera, moins que l'instantané, le révélateur absolu. L'identité se sauve en lui ; en se livrant à ce qui le divise, les mots, elle nous devient implicite, évidente : « Je me tairais si la haine / ne me faisait parler d'amour ». Tous les niveaux de conscience sont investis du même pouvoir dynamique – ils s'attirent et se repoussent également – ainsi se maintient l'équilibre : « Cibles envolées, nos regards déchirent nos yeux, il n'est d'instant qui n'entaille, de vérité qui ne défie... » Cible, oui, envolée, car flèche en même temps Thérèse Plantier se plante où elle est traversée. « Je suis suspecte », dit-elle. Cette position-là n'est pas de tout repos. L'humour y trouvera son compte. Le langage, passion de la violence désespérée, déterminera l'érotisme. L'amour, à deux, est cet éclatement natal du « sentiment tragique de la vie » ; il est à son tour subversif et, dans sa démesure, atteinte du même dans l'autre : « Peu distinguées du néant... nos bras ratissèrent des monceaux d'anges, le soir piétina les tuiles et notre certitude du vivre-rien dans le ciel bleu-suicide. »

Certitude du vivre-rien. Certitude du vivre-tout quand le doute demeure. Nostalgie de l'intégration mais qui déborde encore le climat social pour se fondre plutôt dans l'intimité de la mort. Cependant : « La mort que tu donnes / si je la refuse pour d'autres / je ne vais pas l'accepter pour moi ». Tout ce qui est vivant existe et n'existe que par les termes d'un même geste dialectique, vie-mort, accord-refus, « ponts silencieux entre les cris et les vagues ». Thérèse Plantier vit désintégrée, c'est-à-dire en hors-la-loi. On pense parfois à Georges Bataille dont le rire, parole éclatée, est voisin de celui que nous croyons entendre et qui, d'autorité, se lève en nous. De ce rire nous ne saurons nous rendre maîtres pas plus que Dieu de sa toute-puissance – notre liberté. Par un juste retour la vérité ne saurait épargner ses prophètes : « Déchiquetés les vêtements, concassées les villes, bues les mers... Le printemps lance ses flammes au travers de ma silhouette ajourée ». Thérèse Plantier n'attendra aucun salut personnel de sa propre révolution – sa volonté de l'accomplir n'en sera que plus libre. Et plus grande sera sa tâche.

Mais comment refaire le monde ? Par le langage. Le monde se *réalise* dans les mots – mais il faut que ces mots soient des actes terroristes. T. P. est marxiste ; hégélienne aussi. Ses options intellectuelles nous révèlent surtout l'intériorité de sa position : on opte pour ce que l'on porte en soi. De la même façon elle a reconnu, frère du sien, dans le courant surréaliste, ce désir volontaire de « changer la vie ». Changer la vie, changer le monde ; la poésie *nous* change – il y faut le désordre savant de quelques esprits ; il y faut beaucoup de cœur. On pourrait parler de Rimbaud, de Dylan Thomas, de quelques autres…

C'est que nous sommes en face d'une totalité. Si rien ne l'épargne, T. Plantier n'épargne personne. Elle nous empoigne. Si loin de nous pourtant, et si proche – ici, ce qui reste intérieur à la solitude d'un contre nous situe, sans douceur, dans le devenir du langage : « J'avais à renaître de mes cendres… / et surtout en tous les autres c'est moi Diego / dont l'apparition coïncide avec la vôtre ». Être soi en tous les autres, c'est porter en soi le monde futur – un langage – Thérèse Plantier nous le dit : « Un seul aura suffi / au creux de l'énorme putride création / pour que les mots crèvent à la surface ». Ce futur antérieur est significatif. Il semble nous pousser au-delà de la prophétie pour nous sauver dans l'image originelle de notre perte. Et c'est encore une présence de l'absence à laquelle nous appartenons.

Cette conviction de l'appartenance (est-elle mémoire de l'avenir ?) ne gêne pas l'élan de Thérèse Plantier. « Je vis dans le médiat », dit-elle, « en fait, sans inconnu, le tenant pour nul tant qu'il n'est pas connu, d'où qu'il vienne ». Fermeté de l'attitude, son efficacité aussi, dont l'évidence nous révèle comme par omission le danger qui nous menace : la charnière de la connaissance est aussi l'arête du versant contraire. Seule la voyance va au-delà qui autorise la pensée à enrichir le monde d'une *réalité* poétique. Le mouvement même de son écriture en témoigne : l'inconnu, en arrière de nous, est ce qui essaie de nous retenir – mais si tôt passé le sommet nous n'appartenons plus qu'à la nécessité présente de ce qui nous requiert – nécessité de notre marche dont le temps (la mesure) n'est que l'illusion relative. L'avenir est seul visible. La parole sacrée est ce sommet qui nous le livre. Celle de Thérèse Plantier, par son intuition recréante, nous force à restituer ce que nous ne possédons pas : le langage dans son abrupte vérité. (Restituer ? « On ne met au jour que de la vie éternelle » dit Saint-Pol-Roux, autre prophète). C'est bien alors que ce sentiment d'une appartenance médiate introduit dans nos habitudes un malaise – notre univers se lézarde, s'effrite – mais c'est cela qu'il faut vivre, ce malaise, cette rupture : le refus est un lieu natal où s'exerce à tâtons notre réalité. « Si fugaces tournoient mes pensées vers la voûte sanguine assise au zénith... » Il n'y a de réalité qu'en mouvement.

Ambiguïté fondamentale que celle de Thérèse Plantier – c'est sa nécessité profonde. C'est aussi sa limpidité : elle nous entraîne à un dépassement de nos limites. Sa poésie, véritable démonstration critique, est une philosophie qui se rit d'elle-même, une morale, mieux : une discipline du refus.

Mais, ne l'oublions pas, la Mère originelle est au futur.

Anne TEYSSIÉRAS

Extrait de la revue *Possibles*, n° 5, 2e trim. 1976.

N. B. : *C'est moi Diego* n'a pas connu jusqu'à maintenant la réédition escomptée.
Ce recueil devra être réédité dans un ensemble de la Poésie complète de Thérèse Plantier.

Après la lecture de Soljenitsyne, Thérèse Plantier confie à Carl Hermey : « [Je salue] l'obstination de sa lutte politique uniquement déterminée par l'amour de la vérité ». Elle poursuit : « Je me range dans cette catégorie, la sienne, celle des écrivains attachés à la vérité, pour lesquels jamais la vie n'a été simple » [...] « Car la vérité est, ce qu'ignorent la plupart des femmes, politique d'abord. Donc presque impossible à dire, aussi bien en France qu'en Russie, qu'ailleurs ; et qu'il faille la voiler, l'enfouir, dans la poésie par exemple, ou la taire, faire comme ce Tchaadev dont parle Soljenitsyne : cacher si soigneusement son manuscrit que même cent dix ans après sa mort, personne ne veuille l'éditer, et qu'on le cache encore »[*].

Lettre à Carl Hermey du 24 mai 1975.

[*] Dans cette lettre Thérèse Plantier cite l'ouvrage de Soljenitsyne d'où ces propos sont tirés. Il s'agit de *Le Chêne et le veau*, dont la traduction française a été publiée par les Éditions du Seuil en 1975. Piotr I. Tchaadev, mort en 1856, est l'auteur de *Lettres philosophiques* dont une seule fut publiée de son vivant.

Deuxième partie

Entretiens

Choix de textes de Thérèse Plantier

Thérèse Plantier à Fort-Lamy, Tchad, 1932.

Guy Chambelland

Entretien avec Thérèse Plantier :
« Moi, poète surréaliste ? »

– *Vous aviez 50 ans à votre premier livre de poèmes (*Chemins d'eau*, Chambelland éd., 1963).*

– Je ne suis pas venue tard à la poésie. Bien au contraire, j'ai, comme tout le monde, commencé par elle. Erreur commune : on croit que la poésie se situe au niveau de la volonté, que pour en tâter, il faille s'engager en toute conscience. En réalité, sensations, impressions, sentiments, tombent directement sur le papier, s'y déchargent (en peinture, ce qui sert de papier se nomme toile, enduite d'un support) à partir de l'écran intérieur où ils ont pris naissance. Ils choisissent par eux-mêmes leurs sujets et leurs thèmes. Il m'eût été impossible de décider que j'allais blablater au sujet d'une vache ou d'un angelot, mais si la vache ou l'angelot m'apparaissaient poème, ce dernier s'écrivait, comme par enchantement, tout seul. Il ne s'agissait pas d'un abandon de soi à soi. Je ne me suis jamais abandonnée à la poésie : mon orgueil eût trouvé cela déshonorant. Comme Benjamin Péret, pourquoi pas ? Je l'ai souvent préféré à Breton, plus autoritaire, plus macho. Péret prenait du recul. Il ne larguait pas les amarres, il ne se galvaudait pas dans le lyrisme. Quand je pense, pouah ! à Char, à Éluard, au stalinien Aragon ! Pourquoi, tant qu'à faire, ne pas tenir Romain Rolland pour un Monsignore ? Poésie et morale ne font bon ménage que si les deux se veulent suicidaires.

– *Vous avez beaucoup démoli. Quels poètes outre ceux cités trouvent grâce à vos yeux ?*

– Ils se présenteront peu à peu, par une inéluctable logique, mes poètes préférés. Ils ont mis en plein dans le mille, ceux que mes compagnons d'adolescence ignoraient. Ils m'ont trouvée comme s'ils n'avaient écrit que pour moi. Que Dieu me dise comment j'ai découvert Lautréamont, si caché qu'on ne connaissait alors de lui qu'un œil évanescent ? L'un de mes amis, journaliste, Italien d'une immense culture, vient d'ailleurs de me dire hier, cher Carlo Jansiti, que l'on a fini par découvrir les traits du visage véritable de Lautréamont. Pourquoi Pessoa, qui ne voulut jamais signer ses œuvres que par des noms d'emprunt, inonda-t-il mon cœur ? Pourquoi Lorca le gitan ? Comme par miracle aujourd'hui 20 octobre 1988, les medias s'aperçoivent qu'il exista ! Qui aima autant que moi André Chénier le décapité ?

« J'apparais et je meurs... »

Qui pleura au récit des voyages de Gérard de Nerval ?

« Tout m'appartient, à moi qui reste, et tout te quitte, toi qui pars... »

Qui vibra de colère à évoquer le pendu Villon, l'Edgar Poe se noyant dans la boue d'un ruisseau, cet Edgar Poe dont j'appris par cœur et inconsciemment le si long récitatif du Corbeau, *The Raven* ?

Avouerai-je que j'ai de la même façon englouti les djinns de Victor Hugo ?

J'ai fait plus que les aimer, ces poètes, je les ai dévorés. « Tout ce qu'on aime, on y mange », affirme un proverbe populaire.

Sauf Rimbaud, parce que mes condisciples khâgneux, que je méprisais, l'adoraient. Je ne le lus que beaucoup plus tard, lui qui fourra ses Illuminations sous la paille d'un grenier, lui qui ne tenait (comme moi) qu'à scandaliser les gens qui l'approchaient.

– *Dès lors, vous ne sauriez écrire, disons, en français classique ?*

– Nous possédons tous des trucs, des procédés. Personnellement, comme dirait un grand orateur, Georges Marchais, moi, j'aime à faire suivre un nominatif de deux génitifs, ou exhiber une enfilade de substantifs privés d'articles ; ou choisir des verbes ne convenant pas à leur sujet ; ou intercaler des lignes dans les interlignes ; ou utiliser les déformants (truc devenant « trucmuche »), les permutations (calibre se muant en « libreca »), ou me réfugier dans la synecdoque généralisante (« cœur battant »), l'hypallage (cherchez dans le Larousse), le didyme, adjectif formé de deux parties plus ou moins accouplées. Dois-je continuer ? Inutile. Cependant, je cède au plaisir de répéter ce que Du Perron pensait, au XVIIe siècle, de la métaphore : « Il ne faut jamais, en usant de métaphores, qu'elles descendent du genre à l'espèce ; on peut bien dire : les flammes de l'amour, mais non pas : les tisons, le fallot, la mesche d'amour, ou : "Seigneur nettoye moy le bec de la serviette de ton amour". La métaphore est une petite similitude, il faut qu'elle passe vite, il ne faut pas s'y arrêter ; quand elle est trop continuée elle est vicieuse et dégénère en énigme ».

M'étant fidèle, je ne désire pas imposer aux autres mon comportement poétique, encore que beaucoup m'aient copiée. J'enchevêtre (entrebescar, disait, au temps des troubadours, Guiraud de Borneilh). Une signification recherchée a d'autant plus de prix qu'on lui reproche d'être non-sens. Je le cherche, l'effet du mot-chose dépersonnalisé, ce maître-mot qui, à force, s'est trouvé un sens pour lui tout seul.

Ainsi me situé-je dans le courant surréaliste. Seghers disait que pour les surréalistes comptait moins le sens que la violence faite à la signification : afin que se magnifie la musicalité. Les mots se distribuent suivant des affinités inhabituelles mais très profondes. Seghers parle aussi de raison étroite. En outre, moi, je me fie à moi pour donner existence au pur féminin. Or j'ai lu dans *Arcane 17* : « Il faut que la femme apprenne à se reconnaître à travers ces enfers auxquels la voue la vue que l'homme porte sur elle... Le temps serait venu de faire valoir les idées de la femme aux dépens de celles de l'homme... Faire fond exclusivement sur les facultés de la femme... »

– *La femme, on sait un peu ce que c'est. Mais une féministe, vous l'êtes, c'est quoi ?*

– Il faut sans équivoque se servir, par l'art littéraire, de la femme. Afin de contrer l'homme. Confondre homme et femme fut un péché, à peu près originel, et nous-femmes, Eves condamnées depuis Adam, nous nous devons de ne pas le commettre. Vieillards obscènes, depuis Adam les mots se sont usés, déjetés, « escagassés », comme dirait le provençal. Que l'on pousse leurs chaises-roulantes à travers la prose, ou à travers la poésie, c'est du pareil au même.

— *Quels sont les rapports féminisme/surréalisme ?*

— Je me situe, par rapport au surréalisme, en tant que femme écœurée de l'ambiante virilité. Comptez-moi les femmes admises dans le Groupe Surréaliste, comptez-les-moi. J'y vois Joyce Mansour, et, depuis, nobody. Je me tiens pour une combattante, ce que n'étaient pas, hé-heu !, les femmes approchant Breton. Parfois mêmes, de franches putes (je pourrais longuement raconter l'histoire de l'une d'elles, ce serait une rigolade). Je préfère mes visions de choix. Un visage les hantera jusqu'à ma mort : celui d'André Breton. Quelle splendeur ! J'ai connu André Breton sur son tard, alors qu'il était déjà très malade de l'asthme qui devait le terrasser. Il ressemblait à la proue d'un navire ayant navigué si longtemps que des algues zébraient, rides, ses traits. Breton a toujours été très beau, très imposant. Ce nez noble et dominateur, ces yeux clairs tournés vers le rêve intérieur projeté dans le ciel ! Son visage obscurcissait autour de lui la lumière. Dans les chemins très accidentés de Saint-Cirq Lapopie, il allait, sans regarder le sol, mais sans heurter un caillou. Il observait le haut, mais savait tout du bas. Règle de la cosmogonie du XVIe siècle, règle qui lui était chère. Au Nombre d'Or, il y croyait. En somme, à Saint-Cirq, je n'ai vu que lui. Ô disciples fervents, je ne vous ai pas aperçus ! Homme sous les pieds duquel jaillissaient les pierres précieuses, les agates, précieuses à tous les enfants du monde. Homme dans les yeux duquel s'inscrivaient les plus grands tableaux des plus grands maîtres. Alchimiste. S'il l'eût voulu, il eût transmué le plomb en or.

Il nous réunissait autour de son immense table, dénichée où ? table ayant certainement appartenu à un roi car était incrustée à chacun de ses angles une fleur de lys en nacre. Le roi a fait battre tambour (*bis repetita*), geint une vieille chanson populaire. Tout autour de la table, nous ses vassaux vermineux, assis ; et des cages sus-pendues en l'air où chantaient, doux ramage, des oiseaux, à cause desquels Breton n'admettait pas de chats en son château. Aux murs, une ribambelle de ces anciens bénitiers en faïenceries éclatantes que les paysans réfractaires à Robespierre s'étaient confectionnés pour continuer à croire en leur Dieu Tout Puissant.

La vie entière d'André Breton se passa magiquement à découvrir des objets rares, des mots rares, des lieux rares tel le bistrot (près des Halles parisiennes) intitulé « La promenade de Vénus », où il continuait à collectionner ceci, cela, des moules à gaufres par exemple. Là, dans ce café brasserie, je découvris un soir l'indicible angoisse qui habitait Breton. Il s'asseyait face à l'immense glace couvrant un mur entier de la brasserie : ainsi tournait-il le dos face à ses invités arrivant. Déjà installée derrière lui, je vis dans la glace son regard, terrible, terrifiant. S'y lisait un désespoir sans limites. Ce regard aussi, je l'emportai définitivement avec moi.

Je suis restée féministe. Ce qui me donne le droit de reprocher à Breton (tout en sachant qu'il ne pouvait anticiper sur son époque) d'avoir traité la femme en objet. Je lui pardonne : une époque ne vit qu'un temps. Qui était féministe alors ? Une femme ne pigeant, pas plus que son compagnon Sartre, rien à la poésie. Je précise que je fus féministe bien avant Beauvoir, lors de ma contribution modeste aux *Cahiers du Sud* (directeur Ballard), où l'on refusait ma critique dès que je forçais sur la note politique, dès que j'éreintais Eluard, Elsa Triolet : mes ennemis, puisqu'ennemis d'André Breton.

On me dit parfois que mes poèmes ne peuvent s'apparenter à ceux des surréalistes puisque ces derniers tiennent l'image, imago, pour l'élément essentiel. J'accepte, à la condition que l'on fasse la différence entre la cinesthésie et la kinesthésie. L'une de mes amies poétesse, Marie-Christine Brière, a très bien vu cette différence : pour elle comme pour moi les sensations (thermiques, respiratoires, circulatoires, viscérales, vaginales etc…) l'emportent (en la femme seulement ?) sur la kinesthésie, ensemble des sensations de mouvement que nous procure notre corps (celui des femmes aussi bien que celui des hommes). Ce n'est pas le moment de parler de la Vue et de ce qui en fait l'apanage de l'homme. J'ajouterai seulement que tous les hommes sont des voyeurs, qu'ils adorent voir-regarder. Ça les excite. Mais moi, je persévère en mon tempé-rament d'aparisiaire qui ne se fie qu'aux minuscules dictionnaires : je suis l'officier(e) délégué(e) au postage de l'Impératrice Mézigue.

– *Y a-t-il selon vous beaucoup de femmes bons poètes ?*

– La poésie féminine, elle développe un de ces ventres (Saint-Gris !) qui ne me paraît guère porteur de talents. Je vois peu de noms à citer, sauf ceux que les éditeurs d'avant-garde, Guy Chambelland, Jean Breton, ont présentés : Annie Salager, Yvonne Caroutch… et puis quoi ? Dans le roman, par contre, inflation de noms, mais décrue de talents.

– *J'en vois, moi, beaucoup d'autres, mais passons. Dernière question : vous avez eu des problèmes avec vos éditeurs, les éditeurs. Maintenez-vous vos attaques ?*

– Je dois faire amende honorable en ce qui concerne certains éditeurs de poésie, ceux qui, quoiqu'ils en aient, se dévouent à leurs publics et à leurs auteurs. Beaucoup de poètes naïfs sont enclins à penser que les aident la majorité des éditeurs. Mais la réalité est tout autre.

À regarder ce qui me tombe sous les yeux, je constate, au bas de la page de couverture, celle qui obligatoirement présente, et le nom de l'auteur, et celui de son éditeur, que bien des malheureux se sont fait rouler. Je peux même évaluer à quelques francs près ce qu'ils ont payé pour paraître, pardonnez-moi, mes grands amis petits poètes.

Bien rares, les éditeurs qui se font amis de leur poulain. Mais ils existent, je connais le mien. Je vous l'affirme, ils se sont ruiné la santé ainsi que le courage ainsi que le porte-monnaie. Faire ce qu'ils font participe du miracle. Certes, j'ai adhéré au Calcre – Comité des Auteurs en Lutte Contre le Racket de l'Édition. Certes, j'ai joué des tours à quelqu'un dont j'ignorais le temps (c'est de l'argent) qu'il dépensait à me faire connaître. Certes, je me suis livrée entière à ma sympathie pour Jean Guénot, si écœuré des éditeurs marrons qu'il s'édite lui-même. Je prie ceux que je considère comme les grands éditeurs de la poésie d'aujourd'hui de me pardonner. Ils commettent des fautes, eux aussi, personne n'est parfait. Mais je proclame enfin leur générosité et leur messianisme. La Poésie n'étant accessible qu'aux Initiés, comment les vrais éditeurs auraient-ils pu s'engager en édition (Beauvoir disait : Entrer en littérature comme en religion), sinon grâce à une énorme, une incroyable pureté ? N'est-ce pas celle du roué-candide, car le bien et le mal s'équilibrent en chaque être, François-Marie Arouet (connu comme poète dès 1752 et puni pour cela) qui conseillait à l'Académie française (ô ma mère ! seule y est entrée une sexuée au féminin ! criez son nom !) : « Gardez-vous bien de prendre un mauvais poète ! C'est la pire espèce de toutes et la plus méprisable. »

À la fin des fins, je m'abandonne, j'avoue ce que je niais au commencement de ce petit papier : pour moi, en vérité je vous le dis, la poésie ne fut pas une morale, mais une volonté. Seule la volonté m'a permis de vivre. Non l'amour de la vie.

L'Arnaque, n° 0, Juin 1989.

Thérèse Plantier et Robin Morlot à Faucon, 1983.

René Gharbi

Entretien avec la femme qui « hait la Provence »

« Et Giono qui s'écriait, dans un bel accent de lyrisme : "Oui, sur ce pays ballotté par les vagues du ciel, les Dieux marchent mêlés aux hommes !". Ah, misère ! Il a souvent manqué l'occasion de se taire, Giono ! S'il voyait ce qu'on en fait, de ses plateaux ! Tous les arbres ayant été déracinés, on a planté les balais de chiottes du lavandin dans les terres bulldozérées. La pénéplaine rabotée de mistral qui se déroule jusqu'au fameux Ventoux, limite de ces terres rhodaniennes où la poussière des routes était le résidu de marbres romains, a été passée au tamis par les indigènes, puis coagulée en caillots de stations-service. J'y séjourne tristement, assiégée par les crapules qui klaxonnent en passant devant ma maison face à laquelle, jour et nuit, roulent les camions des marchands de matériaux ou d'herbes de Provence importées du Japon… »

Cette femme qui s'exprime avec tant de violence s'appelle Thérèse Plantier. Elle habite un petit village, Faucon, dans le Vaucluse, sur la frontière drômoise, entre Mollans-sur-Ouvèze et Nyons. Elle hait la Provence comme on hait celui ou celle que l'on a trop aimé et qui vous a trahi. Elle vient d'écrire un livre passionné mais souvent lucide, tonique, mais scandaleux, un long cri de souffrance : *Provence, ma haine*[1]. Voilà qui nous change des pagnoleries, des fernandèleries et de toute la ribambelle d'imposteurs qui, pour gagner des sous, ont peint la Provence sous des traits bien trop simplistes. La Provence, c'est le silence et le soleil du *Hussard sur le toit* bien plus que la crasseuse partie de cartes de « marins ».

Thérèse Plantier, amoureuse et ennemie de la Provence. Ce n'est pas la seule contradiction de cette femme tranquille qui vit dans une jolie maison isolée aux volets et au portail peints en violet – la couleur de ses yeux – parmi de beaux meubles provençaux, des livres, des chats affectueux et une collection de bénitiers dont André Breton lui avait donné l'idée. C'est une ultra-féministe ; pourtant, elle a eu plusieurs maris. On croit qu'elle déteste la terre entière ; pourtant elle a eu, et a encore, beaucoup d'amis – et des amis qui comptent : Violette Leduc, Simone de Beauvoir, André Breton, Jean Giono, André Malraux, d'autres encore. Elle n'aime pas les romans, leur préférant la poésie ou, en tout cas, l'écriture poétique ; pourtant, elle en a écrit plusieurs. Elle se félicite d'être peu connue du grand public ; pourtant elle est fière d'avoir été traduite aux États-Unis et de figurer dans l'anthologie américaine des femmes poètes les plus importantes (*A Book of Women Poets*[2]). On pourrait la croire enracinée dans cette terre de Provence qui est son problème essentiel, pourtant elle a beaucoup bourlingué : elle fut professeur d'anglais à Paris, Brazzaville, Yaoundé et, voici quelques années, pour se remettre d'un chagrin d'amour, elle embarqua sur un cargo-bananier qui, après deux mois de mer, la déposa en Argentine. Elle dénonce toutes les guerres ; pourtant, elle aime et admire Israël.

On pourrait continuer longtemps ainsi. Mais d'abord, que lui a fait la Provence ?

*

— Ma famille est originaire du Comtat Venaissin. Un de mes aïeux fut l'intendant du marquis Joaquim de Sade. La bible paternelle que je possède fait foi de notre protestantisme. Les Plantier furent des camisards, deux fois inscrits sur les tablettes. Je suis donc une vraie Provençale. Ce que je hais, ce n'est pas la Provence mais ce qu'on en a fait. On a coupé les arbres pour faire du vin. J'accuse les hommes de cette région de méchanceté vis-à-vis de la nature, des femmes et des animaux. J'ai recueilli les chats que vous voyez : ils étaient martyrisés.

— *D'accord pour les animaux, mais les femmes ?*

— D'une façon générale, je m'élève contre la fausse définition de l'amour entre hommes et femmes. La plupart des hommes détestent les femmes. Ils les aiment pour faire l'amour avec elles. En Provence — et c'est peut-être l'influence de l'invasion des Sarrasins — on exige que les femmes soient soumises. Savez-vous qu'aujourd'hui encore les épouses sortent quand les hommes parlent argent ?

— *Il semble que vos rapports avec le village soient difficiles. Seriez-vous une girafe égarée dans une horde de loups ?*

— Je dérange. On ne m'aime pas. Je vis dans ce pays comme si, étrangère, j'y passais, comme si je n'y habitais pas. Mais les autres savent que je suis là. Un jour, on a tiré au fusil sur ma maison.

— *Petites querelles... Cela s'apaisera.*

— La Provence ne me quittera jamais. Mais je ne désire pas me réconcilier avec les Provençaux. C'est Rousseau qui a écrit à la fin de sa vie : « Les hommes auraient beau revenir à moi, ils ne me retrouveraient plus. » C'était un créateur, le plus grand. Il rêvait. Lors de notre première rencontre, il a rêvé devant moi. De ses rêves, il ramenait les éléments essentiels, le silence qui crisse dans ses livres, le soleil qui brûle.

— *Violette Leduc a vécu ici à Faucon...*

— C'est moi qui l'ai installée. J'étais allée la voir, à la demande de Simone de Beauvoir, dans l'hôpital psychiatrique où elle était soignée. Je suis arrivée avec sous le bras un des 25 exemplaires photocopiés de son dernier roman, *Thérèse et Isabelle*, que Gallimard, trop prude, avait refusé. Elle m'a embrassée en me disant : « Je suis au pilon ! » Après, ce fut le succès de *La Bâtarde*, titre que Simone lui avait donné. À Faucon, on la respectait parce qu'elle était célèbre.

— *Vous avez beaucoup écrit, notamment sept recueils de poèmes. Quand avez-vous commencé ?*

— Très tard. Quand j'ai pris ma retraite de l'enseignement. Jusque là, je n'étais pas persuadée qu'il fallait ajouter quelque chose à tout ce qui avait été écrit.

— *Pourquoi écrivez-vous ?*

— Pour exprimer ma violence intérieure. Pour choquer. Ce que l'on n'aime pas en France.

— *Que préparez-vous ?*

— Un livre sur l'Argentine (j'ai vu là-bas des choses terrifiantes) et une introduction aux lettres de Venise de George Sand à Musset.

– Quel est l'homme qui vous a le plus frappée ?

– André Breton. Il savait trouver des pierres précieuses là où nous étions incapables de voir.

*

La vie de Thérèse Plantier est jalonnée de pierres précieuses : Giono, Violette Leduc, Simone de Beauvoir, Breton, mais aussi ses arbres, ses fleurs, sa maison, ses chats. Elle cueillera encore beaucoup de pierres, seule et éblouie. On ne souhaite pas qu'elle revienne à des sentiments dits meilleurs, mais qu'elle continue à haïr avec autant d'amour.

René GHARBI

Article paru dans *Le Dauphiné Libéré*, le 13 mars 1984.

Notes de M.-C. B.

1. *Provence, ma haine*, Éditions Christian Pirot – Le Vagabond, 13 rue Maurice Adrien, 37100 Saint-Cyr-sur-Loire, 1983.
2. Il s'agit de l'anthologie réalisée par Carl Hermey.

*Thérèse Plantier dans un café à Vaison-la-Romaine en 1973.
Photo David Schaffer.*

Thérèse Plantier

Mort de Gérald Neveu

La séduction qu'exerce la mort sur certains esprits se change, au contact des morts réels, cadavres, en une horreur aussitôt transformée, nouveau renversement ! en admiration. Le défunt se pare, phénomène connu, des qualités qu'on lui déniait de son vivant. Seuls les morts ensevelissent les morts, s'érigeant ainsi à eux-mêmes des sépulcres dont leur vanité tire gloire. Ne peut disparaître un poète sans qu'on se délecte à l'enterrer ; à dépenser, pour lui acheter une concession, l'argent qu'on se serait gardé de lui offrir de son vivant, à écrire sur lui des « papiers », comme ils disent. Tombeaux de papier, sur lesquels sont versés des tombereaux de louanges, compensateurs de la répulsion qu'on éprouvait pour lui lorsqu'il vivait.

Je n'ai guère connu Gérald Neveu qu'un an avant sa mort. Il me bouleversait. Mais chaque fois que je faisais part de mon émotion et de mon admiration à ceux que j'ai vus ensuite se cotiser pour lui acheter – à lui, dont la mort fut aussi commune que celle de tous les malheureux – à Paris, un morceau de terre où l'enfouir bourgeoisement, on me considérait avec pitié, on me faisait comprendre que j'étais une niaise. Je me fâchais. Je ne fréquentais plus ceux qui le méprisaient de telle façon qu'il n'osait les rencontrer face à face. Je me souviens d'un soir où il m'attendit plus d'une heure au pied de l'escalier crasseux par lequel on accède aux *Cahiers du Sud*, où il tremblait de voir ceux qui maintenant l'appellent pompeusement « Un des nôtres ». Bref, il s'en alla crever à Paris, de froid et de misère. S'est-il suicidé ? Je le crois. Il n'avait pas peur de la mort, il me l'avait dit, avant de quitter Marseille : « Cette crainte-là, c'est fini depuis longtemps ! » Il se peut qu'un soir, il ait, en toute tranquillité, décidé de prendre beaucoup de comprimés barbituriques. Je le vois les rassembler au creux de sa main, les soupeser, se les lancer au fond de la gorge, puis tâtonner, d'un regard, à la recherche d'un verre de vin. S'il n'a parlé à personne de son intention d'en finir, c'est normal : si j'avais ce désir, je n'en parlerais pas. On y pense longtemps et l'acte mûr, un jour, une nuit, se détache. Gérald connaissait par cœur le néant. Ouvrir la porte qui donne dessus n'a pas été un geste étrange, il n'était que de l'approcher une fois pour le savoir. Il parlait si bas qu'il fallait venir contre lui afin de l'entendre. Il souriait si rarement qu'on était interdit lorsque se levait sur ses traits une aube plus proche des larmes que de la lumière. Ses yeux étaient immenses sous une sorte de buée bleue, ou verte, ou grise, pailletée. Ils voyaient autre chose, ils voyaient à travers. Et je ne cède pas à la tentation d'embellir, parce que ce n'est plus, ce qui a été. Gérald me bouleversait. Pourquoi n'ai-je eu, à travers ces lueurs prismatiques qui tranchent les instants dans la durée des jours, qu'un an pour le connaître ? Il demandait de l'argent, il mendiait. Il buvait sans arrêt du vin et des anis. Quelquefois il souriait. Quelquefois, il parlait, d'une voix précipitée, jetant les mots dans les trous du silence. Il était si peu fou que les cliniques psychiatriques, lassées de son indifférence à leurs ignobles cuisines dites thérapeutiques, n'en voulaient pas, n'en voulaient plus. Elles le foutaient à la porte, comme les femmes qu'il aimait, et qui s'effaçaient dans son regard comme les ondes autour de la pierre noyée. Un jour, dans un bistrot, il m'avait dit : « Tiens ma main, pour que je sois moins seul. » Est-il aussi seul, là où il est allé, ou sent-il ma main sur la sienne ? Lorsque j'irai le rejoindre, nous tiendrons-nous la main, ombres d'enfants terrorisés par la vieillarde nuit ?

Thérèse PLANTIER
Le Pont de l'Épée n° 12 – octobre 1960

Note de M.-C. B.

Gérald Neveu est né en 1921 et mort en 1960. Avec Jean Malrieu il a fondé en 1950 à Marseille la revue *Action poétique*. La plupart de ses publications sont posthumes : *Les Sept commandements* (Didier-Richard, 1963) ; *Fournaise obscure* (Pierre-Jean Oswald, 1967) ; *Une solitude essentielle* (Guy Chambelland, 1973) ; *Poèmes 1945-1960* (L'Arrière pays). Jean Malrieu lui a consacré un volume de la collection « Poètes d'aujourd'hui » chez Seghers.

Thérèse Plantier, date inconnue.

Thérèse Plantier

Présentation de
« C'est moi Diego »

    Un poète anglais vivant sur une île grecque et y écrivant l'histoire compliquée de la famille maternelle de Sapho, me racontait un jour que rien n'effrayait autant Dylan Thomas que l'idée d'avoir sans doute à perdre en vieillissant une partie de ses facultés poétiques. Cette crainte de l'avenir me semble surtout traduire l'angoisse à oublier le passé enfantin, cette source grondante dans laquelle roulent et s'entrechoquent toutes les poétiques. Pour l'enfant, les mots sont des choses à peine moins pondérables que les autres choses particulièrement situées dans la pondérabilité. L'univers des mots et l'univers tout court se présentent à lui avec le même resplendissant visage. Ce n'est que plus tard qu'il sera contraint partiellement ou totalement, à décoller des choses leur Ombre essentielle et qu'on lui intimera de vivre soit en manuel, soit en intellectuel, soit en fou.

    S'il est un fou, c'est bien la Femme. Pourtant, elle avait aussi commencé par aimer les mots autant que la fillette aime son pavé de marelle. Mais, par la suite, soumise en servante aux travaux ménagers et au nettoyage des enfants, elle n'a pu connaître de la pensée, dans la mesure où cette dernière dépend des mots, qu'un chapitre si restreint que l'univers y était amputé à quatre-vingt-quinze pour cent. N'y a-t-il pas de quoi devenir fou, gaga, sénile à vingt ans ? Écoutez-les, regardez-les, les ménagères, les midinettes…

Ou bien, se croyant enfin émancipée, elle a eu accès aux Écoles où on l'a entonnée d'un langage dans lequel tout, verbes et sujets, était, explicitement ou de façon détournée, au masculin. C'est alors, devenue folle, qu'elle a cru pouvoir se faire homme, égaler ses maîtres en adoptant leur grammaire et leur syntaxe, leurs modes et coutumes intellectuelles. Complètement aliénée d'elle-même, de sa nature véritable qui aurait dû sécréter pour elle-même la seule explication appropriée du monde, sans le savoir la Femme s'est transformée en ce Sexe Fou que d'aucunes ont nommée Deuxième[1]. Les choses lui ont été ôtées par les termes impropres seuls usités dans les enseignements scolaires qui ligotent mondialement aujourd'hui l'adolescence, aussi bien masculine que féminine. Mais si l'adolescent ligoté peut relâcher et détruire ses liens en s'en prenant à certaines formes de l'oppression, c'est un combat total que doit livrer l'adolescente.

Avec le langage novlangue décrit par Georges Orwell[2] dans son livre *1984*, les chefs du Service de Destruction de la Pensée ont découvert une méthode pour supprimer les choses auxquelles ils ne veulent plus que l'on pense : ils en suppriment, par maints procédés, les concepts. « Le but du novlangue était, non seulement de fournir un mode d'expression aux habitudes mentales des dévots de l'angsoc (langage ordinaire) mais de rendre impossible tout autre mode de pensée… Il était rarement possible en novlangue de suivre une pensée non orthodoxe plus loin que la perception qu'elle était non orthodoxe : au-delà de ce point, les mots n'existaient pas. »

Bon politique, Georges Orwell a bien vu comment, grâce aux dictionnaires, aux grammaires, aux appareils parleurs et à la servilité des professeurs, pression peut être exercée sur l'esprit afin de le dénaturer presque totalement. Mais, homme seulement, il n'a pas songé à se demander si pareil assassinat mental n'a pas déjà été perpétré au cours de l'Histoire.

Qui pourrait y songer, sinon certaines femmes, dont je suis ? Et pourquoi nous, à ce moment précis où l'Histoire paraît s'infléchir en son contraire ? À toute question, il est réponse, mais on ne peut répondre à tout à la fois. Mettons que, pour certaines, qui pourtant n'ont eu à leur disposition que le langage du *Vir*, le miracle ait été qu'il ne les ait jamais fait douter d'elles-mêmes, et, qu'à choisir entre un monde qui n'était pas taillé à leur mesure et un nouveau langage permettant d'appréhender un monde nouveau, elles n'ont pas hésité : elles ont parlé autrement, tout au moins l'ont-elles tenté.

Des Dieux sont à naître, qui n'auront plus le même nom. Revienne la Mère des Mères, revienne Ishtar, je l'attendrai, me nourrissant comme à Delphes la Pythie : « J'ai mangé du tambour et bu de la cymbale »[3].

T. P.

Extrait de *C'est moi Diego*,
Éditions Saint-Germain-des-Prés, 1971, pp. 7-10.

Notes de M.-C. B.

1. L'allusion au *Deuxième sexe* de Simone de Beauvoir est indirecte mais flagrante. Thérèse Plantier et Simone de Beauvoir ont entretenu des relations d'amitié, ce qui n'excluait pas la critique parfois très vigoureuse. Dans *Le Discours du mâle –Logos Spermaticos*, Plantier reconnaît à Beauvoir « le mérite, il y a une trentaine

d'années, de poser les vraies questions, sans pouvoir [...] donner les vraies réponses » (p. 192). Elle lui reproche notamment d'« apporter son soutien au phallocentrisme, grâce à une théorie particulière, celle d'un existentialisme assez proche de la philosophie des Lumières ». « Pour elle, note Plantier, et parce qu'il en était ainsi pour son maître à penser, Sartre, la femme est restée l'Autre de l'Un ». Les lettres adressées par Thérèse Plantier à Simone de Beauvoir sont conservées à la BNF, archives et manuscrits, cote NAF 28501.

2. George Orwell est l'auteur de *Nineteen Eighty-Four*, publié à Londres en 1949. Traduit en français par Amélie Audiberti, *1984* paraît en édition de poche en 1972. Le texte cité par Plantier fait partie de l'Appendice à *1984* où sont exposés « Les Principes de la novlangue ». Quant à l'« angsoc », ce n'est autre que la langue adéquate pour le socialisme anglais.

3. Dans le chapitre XIII de *Sylvie*, Gérard de Nerval écrit qu'il lui vint à l'esprit une phrase « dénuée de sens apparent » qu'il attribue aux initiés d'Éleusis. Il ajoute qu'elle « signifie sans doute qu'il faut au besoin passer les bornes du non sens et de l'absurdité ». Gérard de Nerval, *Œuvres complètes*, t. III, Paris, Gallimard, Bibliothèque de la Pléiade, 1993, p. 565.

*Thérèse Plantier sur l'*Ancerville*, en face de Ténériffe, port de Santa-Cruz, 1er mars 1969.*

Thérèse Plantier

Présentation de l'Anthologie de poèmes de hippies

Comme le mythe, l'épopée prend forme sans nous : ce qui se produit à notre limite nous imprègne plus que nous ne l'imprégnons et, sur ces bords extrêmes, l'écriture comme la parole disent autre chose que ce que nous pensions écrire ou dire. Qui le sait, puisque nous ne le savons pas ? Qui en fin de compte nous confronte à nous-mêmes en nous niant ? Celui qui vient, ou messie. Nous n'attendons notre salut que de notre disparition (et c'est une gageure que d'écrire dans la contemporanéité) où se révèlera ce que nous avons eu à être, donc à dire. À demain, le jour.

Alors, pourquoi l'écrire, ce dire qui lui aussi se serait passé de nous ? Pourquoi forcer son genre, ou sa simple paresse, et transformer l'audio en visuel, car, s'il y a une ivresse à parler, à chanter, rarement l'écriture se délivre-t-elle dans la joie, elle n'est pas assez véloce. Toujours pour la même inconnue des raisons : ce qui passe par nous, fût-ce avec pondération, se passe de nous. Notre témoignage est involontaire et notre écriture n'est rien qu'un signe où nous croyons reconnaître le signe des temps. Nous traçons dans l'air ou sur des surfaces ces zigzags où l'avenir accrochera ses foudres.

À plus forte raison s'il s'agit d'épopée, système d'écriture qui narre poétiquement une suite d'actions étonnantes et parfois héroïques accomplies par une foule d'hommes se souciant peu de réflexion ou de spiritualité : la foi leur suffit et l'imagination, pour raconter, le soir, avant de s'endormir du sommeil de l'étape, ce qui leur est arrivé au cours de longues et insipides errances qu'il faut embellir si l'on veut avoir le courage de repartir demain.

Et c'est bien d'épopée qu'il va être question dans la présentation de ce sinueux et presque uniforme ruban de paroles et d'images que les poètes anglo-saxons de ces dix dernières années ont subrepticement imprimé. Humblement, sur la pointe des pieds, un litron à la main, notre siècle est sorti du lyrisme et de la contemplation de son charmant petit moi.

Pas en France. Ici, impossible de repêcher, fût-ce par une touffe de cheveux, les poètes ayant sombré dans les eaux boueuses du néo-surréalisme, ou dans les affixes grammatologuant de « Tel quel ». Une écriture qui se veut raffinement culturel parvient à peine à présenter un gribouillis de techniciens n'ayant jamais été artisans ; de fort enseignantes communications s'imaginent que le commentaire enrichit l'œuvre, la dirige, la redresse, la met sur rail comme un train ou à feu comme une fusée. Ici, l'écriture est le reflet des ambitions ratées de la petite culture parcellaire, aussi condamnée que les gouvernements auxquels elle vote le pouvoir.

Par contre, dans ces pays où les jeunes, pas très ardents à soutenir ces gouvernements si forts que peu leur importe en somme de laisser la bride sur le cou à des idiots, ont pris le parti de se promener plus ou moins paisiblement, est né un élan poétique dont il ne semble pas que les poètes sachent qu'on l'a déjà rencontré dans l'histoire européenne, élan donnant naissance à des poèmes narratifs inspirés par le sens du merveilleux lors d'une vie dont le moindre des actes exige un héroïsme nié par les castes dirigeantes. La vie quotidienne est bien devenue, pour ceux qui préfèrent s'asseoir par terre à briguer une chaise aux déjeuners de Florence Gould, une suite de gestes insolites, merveilleux, hardis.

Ainsi a surgi la poésie « Underground ». De ce qualificatif on ne saurait donner une traduction littérale. Cette poésie est-elle souterraine, dissimulée, cachée, enterrée, honnie, bannie ? Peu importe. Elle est en tout cas écrite, chantée, pensée, et imprimée, par des gens dont l'ambition est de faire entendre, à travers les oppressions mercantilement culturelles, des accents et des rythmes internationaux. Un des leaders Underground, Michael Horowitz, écrit : « Presque imperceptiblement le contrôle de la poésie a, depuis quelques années, glissé dans les mains de ces hordes de poètes qui pratiquent leur art et auxquels on n'a laissé aucune place dans le système éducationnel. » S'il y a actuellement quelque espoir que s'édifie une culture hors du système qui dicte aux États, quels qu'ils soient, leurs formes d'oppression intellectuelle, c'est la poésie Underground qui le permettrait. Si l'on peut se bercer de cette illusion qu'un jour viendra où les meilleurs sentiments de nos foules seront authenti-quement connus, c'est grâce aux Undergrounds qu'ils l'auront été.

Il faut à l'épopée de ces grands mouvements où la masse remue sur ses millions de pieds. À l'encontre de ce qu'a pensé notre grandiosement contradictoire Hugo, il n'y a pas eu d'épopée napoléonienne : la conscription obligatoire avait été instituée par un cabot. L'épopée se situe aux époques où, sous l'impulsion du malheur, les hommes émigrent par troupeaux, mais de leur plein gré de troupeau. L'épopée, ce n'est pas la guerre, mais la transhumance humaine vers des pacages tenus, sans doute à tort, pour plus accueillants ; mais la fuite, en avant, en arrière ou de côté, dans un désordre apparent qu'irriguent les collectives passions désespérées ; mais la révolte impossibilisée dans des carrefours de mondes devenus impossibles. L'écroulement de la civilisation gréco-latine, à peine pourtant exportée dans les Gaules, assura aux chansons, aux récits, aux contes, aux mémoires, ces accents merveilleux qui libéraient des fatigues quotidiennes, qui redonnaient du cœur au ventre. Car en somme, si l'on marchait sans trop savoir où l'on allait, on avait surtout mal aux pieds. « Dans toute épopée, dit Chateaubriand, la catastrophe est prévue d'avance » (*sic !*). Qui douterait de l'écroulement de cette actuelle « civilisation » bourgeoise envers laquelle il faut éprouver bien de l'indulgence pour se souvenir qu'elle a pu être civilisation ? Aussi, partout où les barbelés ne les encerclent pas, et les syndicats à la Séguy, les masses se sont-elles mises en route. Elles sont jeunes (qu'y feraient les vieux de leurs béquilles ?), elles ont la foi en ceci en cela, elles vont à Katmandou, ou bien sur les pelouses de la Maison Blanche, ou bien dans les boîtes de conserves de l'île de Wight, ou bien à l'Albert Hall avec une fleur à la main. Et elles chantent ! en route, ou aux étapes. Ç'a été à la naissance du monde bourgeois que les masses ont cessé de chanter, que l'atroce silence concentrationnaire a coulé son goudron sur les colonnes en marche. Si à nouveau les foules chantent, peut-être tout n'est-il pas perdu ! Peut-être leurs chansons, les meilleures, seront-elles transmises aux temps à venir ? « Mille ans, ça n'existe pas », nous assure Anselm Hollo.

Thérèse PLANTIER

Présentation de l'*Anthologie de poèmes de hippies*, traduits par Thérèse Plantier, Éditions Le Pont de l'Épée, 1971, pages 2 à 5. Poèmes de John Arden, Pete Brown, Andrew Crozier, Anselm Hollo, Yan Hamilton Finlay, Roy Fisher, Michael Horowitz, Paul Mattews, Tina Morris, Tom Raworth, Alexander Trocchi, Snowden Willey.

*Thérèse Plantier en convalescence à Faucon, 1987.
Photo Marie-Christine Brière.*

Thérèse Plantier

L'Arménien

 Ma mémoire, veux-tu que je te renseigne ? Je vais fouiller dans les mallettes où je conserve mes photos, je suis sûre d'y découvrir une photo de ce petit gars au nez assyrien, ça y est, la voilà, dédicacée. « À Thérèse Plantier » (plus je me suis mariée, plus je suis devenue Thérèse Plantier), l'encre est encore très nette. Ce qui s'est effacé, c'est son nom à lui, sous la dédicace. Il me semble qu'il s'appelait Harapadian, un Arménien, donc.
 Le manuscrit arménien s'intitulait « La Faim ». Je fus saisie par la beauté des premières pages qui décrivaient une maison morne et gluante où des gens, vieillards, enfants, une famille entière, se tenaient assis sur leur chaise pendant des heures sans parler, sans même remuer, de peur de perdre le peu de forces qui leur restait. Ils avaient faim. Inutile de demander à manger puisque le chef de famille, le père, tailleur de son état, n'avait plus de travail depuis des semaines et que les maigres économies avaient été englouties par la maladie du fils aîné. La mère au centre de la pièce, quatre enfants autour d'elle, deux grands-mères tassées sur elles-mêmes, un grand-père reniflant parfois. Personne n'osant parler, de peur de gémir. Tout le monde

attendant l'impossible miracle, ou l'engloutissement libérateur. À l'étage au-dessus hurlait le mourant.

L'angoisse se prolongeait pendant des pages où ne se produisait rien, que faim et agonie, et je devenais semblable à ces mourants tandis que mon jeune ami arménien, de sa voix basse et douce et comme polie par la souffrance, rajoute des détails et des explications, dit pourquoi et comment les habitants de ce territoire qui fut d'abord la Phrygie du Mont Ararat, puis devint plus ou moins la Perse, n'ont cessé d'être torturés et massacrés par les conquérants Mogols et Ottomans. Comme dit le Larousse : « L'Arménie est le théâtre incessant de conflits à main armée. » Admirez la formule. Il y en a une meilleure, celle d'Arafat : « le destin arménien. »

Les choses n'ont pas changé. Les populations continuent d'être génocidées, les manuscrits d'être perdus. D'ailleurs, il n'aurait jamais été édité, il n'a jamais été édité celui (certainement pas le seul exemplaire) qui m'avait été confié : trop beau. Insou-tenable. Une sorte d'écriture ne vient pas au jour de la publication, elle fout la frousse aux éditeurs, ils disent que le public n'aimerait pas ça. Il faut respecter son bourgeois. Moi qui ai tant lu qu'à vingt ans j'ai dû porter des lunettes, « Vous êtes couturière ? » m'a demandé l'oculiste, je sais qu'il y a un public pour ces bons livres qui ne sont jamais (sauf en poésie et philosophie) offerts aux lecteurs par ces éditeurs ignares et malfaisants dont le Comité de lecture n'est composé que d'arrivistes et de politiciens.

Reprends-toi, Thérèse, cesse de te torturer pour ce manuscrit perdu, pour ces Arméniens perdus. Qu'ai-je bien pu en faire, de cette Faim ? Prêtée à des copains qui ne me l'auront pas rendue ? tout ce que j'avais de beau, fût-ce moi-même, je l'offrais pour qu'on en profitât. Je donnais tout, moi par-dessus le marché, et j'oubliais. Perdre par bonté un si beau récit, j'en ai été capable. Ça y est, je m'en souviens, il s'appelait Harabedjian, mon Arménien ! Je l'ai perdu trente ans mais le revoici, je ne l'oublierai plus, lui que personne sauf moi n'a connu et qui écrivait si bien que personne ne l'a dit. Ceux dont on parle sont des tricheurs. Regardez-les minauder dans les hebdomadaires.

Moi aussi, j'ai faim et je souffre le martyre sans oser le dire. J'ai faim de justice. J'en mourrai ?

Thérèse PLANTIER

Note de M.-C. B.

Extrait de *Omerta* ou *La Loi du silence*, Éditions Saint-Germain-des-Prés, 1975, pages 16 à 18.

Thérèse Plantier avait choisi pour titre, et y tenait : *Antilocus*, puis *Omerta*... devenu *La Loi du silence*.

Thérèse Plantier

L'orientation essentielle
de la poésie française contemporaine

La poésie est en train d'acquérir de nouvelles lettres de noblesse grâce aux recherches actuelles de groupes de penseurs : grammairiens, linguistes, sémanticiens, philosophes, recherches qui offrent une remarquable cohérence et dont les conclusions sont souvent parallèles.

Si l'on accepte – et le font la plupart des chercheurs – la sémiologie comme la science générale des systèmes de communication, il s'ensuit que tout ce qui touche au langage est privilégié et qu'un privilège est, à l'intérieur du langage, accordé à la poésie, discours particulier.

Particulier en quoi ? En ceci qu'il décide d'utiliser ce que le quotidien néglige. Un poète, c'est là sa liberté, ne parle pas comme un scientifique, ni même comme un prosateur, ni à plus forte raison comme l'homme de la rue, contraint à des types particuliers de relations sociales, mais, alors que jusqu'ici l'on tenait cette spéciale obligation du poète comme fantaisie sans grande importance à d'autres yeux que ceux du corps artisanal des poètes, les récentes recherches ont fait apparaître que ce qu'on prenait comme fantaisie de l'imagination était en réalité une structuration précise d'un métalangage ; et il se pourrait bien en définitive que le quotidien ne soit que le résidu de la poésie.

Nietzsche surtout est à l'origine de cette façon de penser, lui qui écrivait que « le fait de connaître est seulement le fait de travailler sur les métaphores les plus agréées ». À partir de cette orientation, on s'est beaucoup posé de questions au sujet de la métaphore, ainsi que de ses sœurs et frères, les figures de style et les tropes. Ainsi s'est accomplie la renaissance du rhétorique dont Roland Barthes a écrit qu'elle était la seule pratique à travers laquelle notre société occidentale a reconnu le langage, auquel elle a imposé le seul trait vraiment commun d'ensembles historiques successifs et divers « comme s'il existait, supérieures aux idéologies de contenu et aux déterminations directes de l'histoire, une idéologie de la forme ». Le code rhétorique a donné son langage à notre culture et les poètes, principaux utilisateurs de figures rhétoriques, deviennent ainsi les géniteurs du langage.

Il n'est plus actuellement de poétique digne de ce nom qui néglige les conclusions de ces mêmes discours, de ces discours sur le discours. Les poètes l'ont bien compris et il n'est de revues intéressantes ni de groupes qui traitent à la légère les problèmes des formes et des structures qu'ils engendrent.

Valorisée jusqu'à devenir le modèle d'un langage de communication qui a donné ses codes à notre sociologique, la poésie sera peut-être mise en demeure de prendre la relève des grandes disciplines qui, avec la logique, la grammaire, la rhétorique, ont poussé le monde occidental de son berceau gréco-latin jusqu'au temps de la technicité, la rhétorique n'ayant d'ailleurs jamais été qu'une techné.

Thérèse PLANTIER

Article paru dans la presse régionale à l'occasion d'une réunion du « Cercle des poètes » d'Orange, où se retrouvaient, entre autres, Claire Lesur, Yanne Comiti, Josèphe Comiti.
Sans date. Probablement autour des années 1970.

Thérèse Plantier

La poésie

À Claudine Helft

La Poésie est un genre littéraire qui prétend être plus proche des élans de la sensibilité individuelle que les autres genres littéraires. En est-il vraiment ainsi ?

Il ne le semble pas. Si l'on admettait que la Poésie manifeste particulièrement les poussées du cœur, du ventre, de l'estomac, de la rate, etc. et que de ces organes elle jaillisse comme spontanément, il n'en resterait pas moins qu'elle se heurterait à la sortie, par la peau ou par les muqueuses, au barrage qui n'est rien d'autre qu'un barrage, celui des mots et expressions.

Ceux-là, d'où viennent-ils ? Ils ne sont en tout cas, en aucun cas, élans de la sensibilité individuelle. Ils proviennent de la langue collective, ils logent dans le vocabulaire, dans la grammaire, dans la syntaxe que s'est construite la langue particulière d'un pays, d'une nation, d'une province, d'un territoire. Peut-être la sensibilité des organes humains est-elle ressentie partout de la même façon, il n'empêche que les langues changent d'un pays à l'autre, d'une époque à l'autre, et que la Poésie ne serait pas communicable, ou du moins ce qu'on pense tel, si elle ne se coulait dans un moule commun à un groupe ethnique ou national. Dès lors cesse-t-elle d'être expression de la sensibilité individuelle pour se présenter comme moyen de communication obéissant, ou désobéissant, aux lois de l'expression du groupe. Elle devient indice de communicabilité. Elle cesse d'être l'apanage de l'individu, elle s'adresse au groupe à l'aide de méthodes qui sont celles du langage de groupe, et le langage obéit à des lois qui ne sont pas celles de la sensibilité. Dès lors il serait vain de vouloir exprimer poétiquement ce que ressentent les pures viscères. On ne parle pas avec son ventre, on parle avec des mots, sinon le borborygme y suffirait.

Le problème de l'écriture, c'est-à-dire de la parole et de la pensée, se situe à la charnière entre la sensibilité et l'expression. Si la peinture trouve son matériau dans la couleur, si la musique trouve le sien dans le son, l'écriture le découvre dans les mots (que l'on prend bien à tort également pour les représentants de la pensée, mais ceci est un autre problème). Celui qui, sans écrire, se nommerait poète, serait dans la posture injustifiable du peintre ne peignant pas, du musicien ne composant pas. On ne juge qu'à l'œuvre.

Ainsi commencent les difficultés et les questions comme celle-ci : « La Poésie, pour quoi faire ? » La peinture, pour quoi faire ? La musique, pour quoi faire ? La réponse vient pourtant vite : pour faire de la poésie, de la peinture, de la musique.

Est-ce à dire que ces disciplines ne seraient pas vitales, qu'on pourrait se passer d'elles sans mourir, alors que, de la Cuisine, par exemple on ne pourrait se passer sans mourir ? De l'activité organique, on ne pourrait se passer sans mourir ?

Eh bien : tout art est vital du moment qu'on le considère comme une activité. Il est possible de se passer de cuisiner, et ne manger que du cru (cf. *Le Cru et le Cuit* de Lévi-Strauss) et de persister en tant qu'espèce, comme le font les animaux, mais la cuisine également peut devenir un art, susciter ou représenter une sensibilité de groupe par les matériaux qu'elle emploie et la manière particulière de les traiter. Poésie slave, cuisine slave ; poésie noire, cuisine noire ; poésie américaine, cuisine américaine. Il s'ensuit que le destin de toute activité artistique est de passer du particularisme à l'universalisme (ce dernier ayant longtemps été supposé humaniste par les Occidentaux), autrement dit de s'adresser à des groupes ethniques toujours plus nombreux et dissemblables.

La poésie est soumise à deux impératifs : d'une part trouver, comme les autres arts, le support d'une personne individualisée et sexualisée ; d'autre part être destinée, par son matériau même, à un dépassement d'ordre linguistique, à la fois formel et sémantique, modifiant le signifiant aussi bien que le signifié. Les arts autres que la Poésie sont plus aptes à l'universalisation car ils n'utilisent pas le langage : la poésie est soumise à une astreinte particulière du fait que, si à l'intérieur de limites ethniques prédomine un accord tacite entre le signifiant et le signifié, par contre le signifié doit trouver un deuxième souffle pour s'associer aux nouveaux signifiants qui forment son équivalence dans les langues nationales. Il appartient rarement au poète de se passionner pour le deuxième cas, qui pour l'instant relève plutôt des sciences humaines. Et il est très difficile de systématiser le premier, celui des rapports entre la sensibilité individuelle et la langue nationale.

L'individu poète vit dans un cercle d'habitudes mentales et techniques dont il est aujourd'hui aussi totalement prisonnier qu'il l'aurait été dans ces époques primitives dont les totems et tabous lui paraissent si singuliers. Il est pourtant persuadé que le caractère particulier de son expression poétique réside dans la liberté qu'il a de se présenter vrai à l'aide de la langue où il s'exprime. En fait, sa liberté ne joue qu'entre d'infranchissables barrières : celles de la grammaire, de la syntaxe et du vocabulaire, même si sa volonté poétique est de les transgresser. Demandez à un poète, à un écrivain de langue française de s'exprimer en une langue qu'il ignore, mettons le chinois : le voilà muet. Où donc est passée sa liberté d'expression ? C'est bien là le paradoxe de tous les arts et plus particulièrement de la poésie considérée comme un art : ce n'est qu'en se soumettant aux structures du groupe que l'individu réussit à éprouver le sentiment qu'il se libère en mettant à nu ce qu'il croit être l'essence du sujet. Ni la peinture, ni la musique n'ont à être traduites avant de se présenter à une ethnie nouvelle. Le poète est bien plus enchaîné : faites-le déclarer sa tirade devant un Maghrébin s'il est Bamiléké, il a plus de chances de recevoir des cailloux que des louanges. Il est bien mal loti. Où la simple musique passe, le voilà en panne. Poésie, pourquoi dire, si l'on n'est pas entendu ?

Les animaux me paraissent moins tracassés que les hommes (et les femmes) par le besoin de faire connaître et admirer leur moi si remarquable et jamais assez remarqué. Les Orientaux n'éprouvent pas autant d'anxiété que les Occidentaux à l'idée de ne pas attirer l'attention sur l'ineffabilité du Sujet parlant. Et je me sens plus proche des animaux que des Occidentaux, si je considère qu'aucune émotion éprouvée par le scripteur n'est suscitée identique dans le lecteur. J'irai plus loin : à moins d'un miracle, il nous est impossible à nous-mêmes de ressusciter nos sentiments passés. Pour nous en convaincre, il suffit que nous tentions de nous reporter à ce que nous avons éprouvé de plus violent dans un passé proche ou éloigné. Si je veux par exemple me remémorer mon opinion au sujet des Ballets du Marquis de Cuevas, je découvre qu'ils ne représentent rien d'autre pour moi que l'horrible découverte au sujet de l'homme qu'alors j'aimais passionnément : il portait de l'intérêt à une étoile tout à fait secondaire de la troupe alors célèbre (qu'est-elle, ô ciel, devenue ? qui se souvient encore d'elle ?) de ce marquis. Mais cette représentation reste actuellement plate et décolorée. En fait, j'ai tout oublié de moi-même, et surtout – si j'en parle c'est « manière » – l'extravagant sentiment de liberté qui m'habitait alors. J'étais absolument libre, c'est-à-dire que par une volonté fugace et comme ailée, et grâce bien entendu à de certaines circonstances, je m'étais transportée dans un monde où seule la fantaisie des passions, identique, je crois, à celle que l'on ressent comme poétique, dirige l'existence. J'évoluais au sein d'un espace rayé de voies simultanées, divergentes et insensées qui déterminaient mes orientations aussi passagères que des zéphyrs. Je ne me livrais d'ailleurs à aucune activité artistique, je n'écrivais pas un mot, je ne communiquais rien à personne. J'étais Ariel, je vivais tout court dans un univers de bulles de savon explosant les unes après les autres au bout d'un indescriptible chalumeau. Était-ce poésie originelle, passions, liberté, etc. ? Il se peut que beaucoup ne vivent pas leurs passions de la même manière. Ce n'était en tout cas nullement poésie pour communiquer.

Je veux en venir à ceci : lorsque je tente de me souvenir de cette époque, jamais je ne parviens volontairement à évoquer la qualité des sensations alors éprouvées, par exemple en apercevant, dans l'appartement de mon bien-aimé, un chausson par une semi-ballerine oublié. Mais ce n'est pas sans raison qu'à cet instant même je parle du Marquis de Cuevas. C'est parce qu'hier, et de façon miraculeuse, une odeur spéciale, celle d'un parfum spécial, m'a soudain restitué sans que je puisse m'y tromper un instant spécial du passé où le Marquis de Cuevas a joué un rôle, et que je m'y suis retrouvée, je l'affirme et ne possède d'autre preuve que cette affirmation, identique aujourd'hui à ce que je fus autrefois. En quoi le passé et le présent ont-ils pu s'identifier, je l'ignore, je ne saurais pas l'expliquer. On ne sait quel grain de mémoire va un jour germer. Comment dès lors, puisqu'on ne peut que par miracle se restituer à soi-même, pourrions-nous en tant que poète, et avec des mots, amener le lecteur à reconnaître en notre sensibilité la sienne propre. Nous ne sommes pas une odeur subtile, nous ne sommes pas un son évanescent. Nous ne pouvons faire savoir à d'autres quelque chose au sujet de nous-mêmes que par miracle, à l'aide de suggestions qui les inclinent à penser qu'il se pourrait bien que nous eussions en commun quelques sensations, sentiments, passions, pensées. Perdons l'illusion d'être compris (com-pris, pris avec), puisque nous ne nous emportons même pas avec nous-mêmes. Ce n'est pas le fleuve qui ne nous baigne pas deux fois, c'est nous qui ne nous baignons pas deux fois, parce que nous nous sommes perdus en nous éloignant du fleuve.

Alors pourquoi crier pour faire savoir qu'on est là ? Pourquoi tarabiscoter la parole, la pierre, le marbre, la couleur, les bruits ? Je ne vois rien là que décharge d'angoisse, peut-être salutaire ; besoin d'activité pascalienne chez des êtres auxquels je ne refuse pas une sensibilité affinée. Il ne peut y avoir entre les humains de communications que celles qui s'expriment et se résolvent en matériau formé, élaboré, par des conventions que l'individu ne peut détruire mais auxquelles il s'emploie à donner un éclat particulier.

Poésie pourquoi faire, pour faire quoi ? Pour passer le temps, lorsqu'il vous en reste. Rien ne m'a autant émue que de lire à quoi Soljenitsyne occupait le sien dans l'Archipel du Goulag : à faire des vers. Quatre mille qu'il apprenait par cœur, qu'il se récitait sans cesse. Et on dira que la poésie n'est pas vitale ? Quelle serait notre angoisse si nous ne pouvions pas nous dire que quelqu'un nous ressemble et un jour entendra notre voix ? Les Goulags sont concentriques comme les cercles de l'enfer. Je sais que celui que j'habite exige de moi que je me parle, parfois tout fort, au point de l'écrire, un langage important et spécial. Je fournis la somme d'énergie qui transforme en activité mon anxiété vitale omniprésente, je me transforme en berger ou en garagiste, en accordeur de piano, en sous-chef de gare, en opticien. L'effort du poète est un effort ordinaire en cela qu'il affecte son temps de travail aux nécessités de groupe. On n'écrit pas pour, on écrit dans, on écrit pour les mêmes raisons que court le coureur à pied, qu'au rugby prend sa bonne place l'ailier, que l'agent tourne la mallette des signaux dans les carrefours encombrés. Si la poésie est un art, elle ne peut être qu'un faire, une œuvre empruntée à la force qui anime tous les humains. Très banale, l'extraordinaire poésie ! Et qu'importe que certains la voient dans la chiourme comme un boulet rivé aux mains du galérien de l'éternelle et inconcevable recherche que l'Un fait de l'Autre ?

Thérèse PLANTIER
Extrait de *Possibles*, n° 5, 2ᵉ trim. 1976.

Dans cette même revue *Possibles*, n° 5 (p. 59), la poète et romancière québécoise Suzanne Paradis publie un passage d'une de ses lettres à Thérèse Plantier : « Vous ne pouvez savoir combien votre livre* m'a fait plaisir, à cause de sa poésie qui me fait "mourir de vérité", comme vous dites, et avec laquelle il n'y a aucun compromis possible. C'est une poésie pour la réflexion, pas pour les larmes – dure, brillante, et cet univers bondissant que vous évoquez a éliminé les concessions et les subterfuges. D'où vous vient donc cette force de frappe ? Cette parole parfois si totalement humaine qu'elle en paraît inhumaine, plus grande que nature ? »

* Il s'agit de *Omerta* ou *La Loi du silence,* paru en 1975.

Thérèse Plantier

Ma mère est morte

Ma mère est morte. Cette simple phrase (si c'est une phrase, elle n'a pas besoin d'être simple, ni si simple) qu'il est enfin donné d'écrire ne paraît ici qu'à la faveur de sa mort : vivante, je n'eusse jamais pu la présenter. Elle est morte à mes yeux, à mes tâtonnements effrayés, à mes chemins rétrécis, à mes hypothétiques circuits. Allongée là, elle ne respire plus, elle ne sera désormais ni véhicule, ni communication. Meurt la mère de chacun, c'est entré dans les mœurs, mais meurt également l'écriture avec la mort de la phrase ici présentée. Ce n'était qu'autant que je pouvais noyer mon angoisse dans une rivière de grasse encre bleue qu'il me fallait, à son sujet, explorer des lexiques, dresser des échafaudages, construire des châteaux de papier, les renverser de la main, ingurgiter ces longs mots qui sillonnent la lymphe, parler de tout et de rien, jamais de la mort de ma mère, ratrouper mon troupeau, accoucher mes brebis, vaquer en somme, être vide, m'emplir alors de ces fongus, de ces sargasses, de ces détritus, de ces marines, qu'il devient loisible ensuite de présenter sous forme de poèmes. Je n'ai pas crié. Si je l'avais fait c'eût été lugubre haleinée, gémissements de roseaux. J'ai vaticiné sans qu'on le sache autour du sombre empire d'une phrase enfouie sous des chambardements chirurgicaux, d'une carcasse qui régentait ce qu'il me semblait ne pas dire au sujet de l'indicible, jusqu'au moment où, butant contre elle-même, elle a métamorphosé en continents boueux ses eaux, et enfin, émergée, a pu se dissoudre et disparaître, engloutissant avec elle la mort de ma mère.

Thérèse PLANTIER
Extrait de <i>Jusqu'à ce que l'enfer gèle</i>,
Pierre-Jean Oswald, 1974, p. 78

Thérèse Plantier à 20 ans.

Thérèse Plantier

On ne lutte pas seule

On ne lutte pas seule. Pour nous coaliser contre les plus criardes des tyrannies masculines, il eût fallu que nous puissions nous rassembler, nous qui étions éparses au fond de nos maisons, enchaînées aux nourrissons innombrables. Il suffisait que l'homme nous emplisse d'enfants pour que nous n'ayons plus loisir de nous écarter des chambres pendant les années fortes de notre vie. Ne croyez pas, Messieurs, que les plus nobles d'entre nous l'aient accepté d'un cœur soumis, ne croyez pas que nous n'ayons osé regarder en face les malédictions que nous jetait ce que vous vous gargarisiez à nommer « amour ». C'est vous les beaux parleurs qui, dans vos rassemblements, vos assemblées, vos bistrots, vos académies, vos billards, vos conciles, vos conciliabules, vos bulles, discouriez au sujet de nos faiblesses après avoir longuement soupesé nos mamelles et nos fesses. Vous pouviez alors sans danger vous entr'opiner du bonnet : vous étiez SEULS. Quelles femmes entendaient murmurer Louise Labé ?... « Et ne pouvant de moi-même satisfaire au bon vouloir que je porte à notre sexe de le voir, non en beauté seulement, mais en science et vertu, passer ou égaler les hommes... »

Les égaler, les dépasser ? Il n'est rien qu'ils ne redoutent autant, rien contre quoi ils ne soient autant décidés à tout mettre en œuvre. Ce qu'ils ont récemment octroyé l'a été dans le but de nous abrutir encore plus. Car nous avons désormais le droit de nous exténuer à des travaux salariés qui nous sont moins payés que s'ils avaient été confiés à des hommes, et qui s'ajoutent à ceux que le mari ou l'amant exige de nous sans paiement le soir à la maison : lavage, raccommodage, repassage, récurage, cuisine, vaisselle, éducation des enfants, et même, ô ironie ! érotisation de l'objet de charme que nous sommes censées représenter. Cette poussée de l'érotisme masculin coïncidant avec l'obtention par les femmes du droit de vote et avec leur enfournement dans les métiers mal payés (touristes, regardez à Moscou qui en balaie les rues !), est un indice de l'abaissement que certaines femmes prennent pour une libération. Bien sûr, que se rencontrent chez les femmes plus souvent que chez les hommes de beaux types d'animalité supérieure ! Qu'au nom de cette supériorité elles dédaignent de faire quoique ce soit pour plaire érotiquement aux hommes. Qu'elles revendiquent la place à laquelle elles ont droit, celle que les hommes leur refusent lorsqu'ils accordent qu'elles sont belles parce qu'elles sont femmes ! Qu'elles ne se laissent pas détourner de porter la lutte sur les terrains où elles pourront utiliser des armes plus puissantes que leur soi-disant charme féminin. Qu'elles n'oublient jamais que leurs ennemis les ont investies au plus profond d'elles-mêmes, au plus profond de leur quotidienne réflexion. Qu'elles paraphrasent Lénine : « Femme, tes ennemis, ce sont tes propres pensées. »

Puisqu'elle a été contrainte de se croire *mulier* sitôt qu'elle a commencé à se juger, puisqu'on l'a sexuée à ses dépens et que, de son côté, l'homme ne suspecte pas son propre sexe, la femme peut apercevoir alors qu'elle est plus proche de sa réalité que l'homme de la sienne. Elle a un atout en mains. D'autres vont se présenter, qu'il lui suffira de jouer sans se laisser effrayer par les vociférations et les mensonges de ses « protecteurs ».

L'un de ces mensonges, d'autant plus effronté qu'il se présente avec des airs doctrinaux et idéologiques : nul tenant de l'actuelle organisation mentale européenne, dont on connaît assez les humanistes principes, qui ne prétende que l'homme-*vir* se distingue de la femme-*mulier* en ceci qu'il est porteur d'un principe actif alors que la femme est passive. Mais il paraît bien qu'il faille être prêtre, chaman, brahmane, shah, manitou, prince arabe, ou patron universitaire, pour ne pas constater précisément le contraire.

Interrogez-vous, vous, cas particulier de femmes, au sujet de votre vie personnelle, ainsi que sur celle des femmes que vous avez approchées ; vous connaissez immédiatement que vous préférez l'action à la passivité. Observez autour de vous et sous toutes les latitudes le couple mâle-femelle ; la femme en est le pôle actif, agissant, efficace, infatigable, ne serait-ce que parce qu'il s'agit de lutter pour préserver le produit de la copulation. D'ailleurs le mâle sait si bien cela qu'il confie à la femme les travaux les plus pénibles, les plus harassants, se réservant de nommer action ce qui est l'antithèse de l'action : les bavardages en public (ou politique !), les minutieux préparatifs d'assassinats collectifs ou individuels (que l'on fasse une comparaison entre les permis de chasse délivrés aux hommes et ceux délivrés aux femmes).

Qu'aujourd'hui encore on entre dans la Mairie de mon village ou des villages environnants pour demander combien de permis de chasse ont été délivrés en dix ans aux femmes du pays ; sans attendre le résultat de l'enquête, je réponds hardiment : zéro. Ou les femmes n'aiment pas tuer les animaux, ou, par une de ces lois non formulées qui sont plus implacables que les autres, il le leur a été interdit. Ce même jour, qu'on entre dans le bistrot du village, ou des villages voisins : jeunes ou vieux, tous les paysans du coin sont là pour la belote et l'apéro. Combien de paysannes ? Je réponds : zéro. La belote, la chasse, le pastis, et j'en passe, tous les loisirs sont pour les hommes. La femme est à la maison en train de préparer les repas. C'est sur l'incessante et fructueuse activité de cette femme qu'est fondée la persévérance de la race. S'il y a un principe actif, c'est en la femme qu'il se situe. Dans l'action, la femme se connaît, dépasse sa féminité et s'atteint en son point essentiel. Pourquoi n'en conclurait-elle pas qu'elle ressemble à l'homme lorsqu'elle n'agit pas, que l'homme doit être considéré comme un principe passif ? Alors, se sachant femme, elle ne peut faire autrement que de devenir homme parfois, par extension ou par restriction, comme on voudra, lorsque sa féminité n'a pas le temps de dompter sa virilité. N'échouant jamais à être femme en principe, et sexuée, et active, il lui arrive parfois d'être frustrée dans sa féminité par les obligations viriles nécessairement passives. Parfois elle devient homme, s'installe dans l'altérité de lui-l'Homme-à-modifier par Moi-l'Action-la-Femme. Si la femme accepte de consi-dérer que l'action est son état (la pensée étant ici distinguée de l'action), alors penser devient sa passagère situation, elle situe la pensée dans la précarité. Nous y voici : il lui devient possible de modifier la pensée, le langage.

Qui n'a mieux su cela que Jean Genet ? Il s'est attaqué au langage exactement comme une femme pourrait le faire et comme l'a fait cette autre femme qu'était Rimbaud. Tous deux ont su qu'une totale subversion de la pensée était nécessaire, poésie et philo-sophie enfin confondues. Si Genet a affirmé que son aventure n'était « jamais commandée par la révolte ni la revendication », c'est qu'il se plaçait d'emblée dans les conditions que la révolte et la revendication désirent :

« Si, commandé par mon cœur l'univers où je me complais je l'élis, ai-je le pouvoir au moins d'y découvrir les nombreux sens que je veux », écrit-il dans le *Journal du Voleur*.

C'est encore dans le *Journal du Voleur* que je trouve la phrase où il suffit de changer un mot pour que la condition féminine actuelle se mette à briller de son pur éclat :

« Femme par ma naissance, pour le devenir et me justifier de l'être utilisant la langue des hommes – qui sont moi-même à cause de l'importance du langage – c'était à cette qualité de femme donner la chance d'être unique. »

Pour tous les hommes, le langage est situation, mais beaucoup d'entre eux font mine de l'ignorer, à la fois pour étayer leur puissance et pour ne pas intérieurement se déchirer, car ils ne manqueraient pas d'éprouver de la douleur à se sentir coupés de leur sexualité. L'idée d'eux-mêmes que leur impose le langage de fil en aiguille au cours de l'apprentissage va leur donner l'habitude de confondre le tout avec la partie, la partie avec le tout, leur faire croire que sont chargées d'exacte signification des notions aussi creuses que patrie, famille, civilisation, humanisme, etc… De même que la femme se déchire en passant de l'activité à la passivité, de même l'homme habituel ne pourrait croire qu'il devient femme lorsqu'il pense. Tous les artifices du langage l'incitent à se sentir incarnation en acte, à moins que prophète, *thing of evil*, il ne tente expressément de se faire femme. Pour l'homme qui me croit passive c'est-à-dire femme, je joue à l'homme lorsque je pense, je suis gratuite pour lui, il pèse sur moi de tout l'éclat de femme qu'il ne croit pas être le sien, et les femmes qui n'ont pas su se dégager de lui s'imposent à elles-mêmes et voudraient m'imposer l'état de femme qui n'est pas le mien. Ainsi lutté-je souvent contre un univers qui comprend tout le monde sauf moi. Même si la réalité m'habite, l'extravagant langage masculin au travers duquel elle essaie de se frayer un chemin m'interdit son accès. En moi sans cesse l'homme parle à la femme un langage incompréhensible, me donnant des idées fausses au sujet de ce sexe qui demeure pourtant le témoin sacré de ma personnalité profanée. Lorsque je parle aux autres de moi comme d'une femme, j'use d'un terme qui leur permet d'imaginer une intuition irréalisable, mais si je leur parlais de moi comme d'un homme, ils n'imagineraient plus rien du tout ! J'en ai longtemps été bouleversée, j'y voyais une persécution ou un châtiment. Longtemps il m'a fallu attendre avant de savoir écrire mon nom, tant son essence était ennuagée. Longtemps il m'a fallu me demander comment et en quoi l'individu femelle que j'étais pouvait ou devait modifier cette essence. Même lorsque Montaigne m'assurait que je pouvais « m'égarreler aux meilleurs », je ne le croyais pas. C'était insupportable et je ne me détournais cependant pas de cette route. Ce n'est pas en s'attaquant aux formes mineures de son exploitation que la femme amènera le patriarcat à cet âge d'or où Engels situait le matriarcat. Le donjon de la forteresse réside au cœur de cette pensée où les hommes ont longtemps voulu voir autre chose que la formation du langage. On en est cependant arrivé au point où les femmes peuvent porter la subversion en ce que l'on croyait donné de toute éternité : la division en sexes avec puissance de l'homme sur la femme. Si elles détruisent le patriarcat, elles libéreront ce qui en notre monde exige la libération. Dit Montaigne :

« Les femmes n'ont pas tort quand elles refusent les règles qui sont introduites au monde d'autant que ce sont les hommes qui les ont introduites sans elles. »

Vous avez attendu trop longtemps, mes amies. Moi aussi. Un beau jour, mes oscillations ayant pris fin, j'ai décidé de parler au nom de ce que je suis de naissance en spécifiant que je ne désire nullement m'égaler aux hommes : ce serait m'anéantir. Dans la mesure où j'y suis contrainte, je continue à les subir, sans cesser de désirer leur échapper, sans cesser de me défendre contre toutes les tentatives de chosification, fussent-elles des plus subtiles. Peu me chaut d'incarner pour eux la promesse d'un au-delà qui ressemble singulièrement à un bordel. Nous ne saurons jamais assez, nous femmes, combien il est dangereux pour nous et pour l'univers entier, les hommes y compris, de consentir à jouer pour eux le rôle du Salut Amoureux. Si vous pouvez, Messieurs, vous sentir éblouis à l'idée d'être nés du ventre d'une femme (qu'ensuite vous extirpez de vos côtes !), nous n'avons pas besoin de participer à vos comédies, vous ne nous avez pas portées neuf mois, nous sommes bénies. Quant à vos appeaux d'assimilation intellectuelle, ils rendent le même son que ceux avec lesquels vous invitiez les colonies à faire confiance aux métropoles et ils sont aussi persuasifs ! Si jamais j'avais eu envie de m'identifier à quelqu'un, c'eût été à une négresse considérée comme noire. Me déclarer négresse me fait du bien, cicatrise mes plaies, adoucit mes aliénations. Au lieu de me découvrir tantôt homme, tantôt femme, du moins ai-je le pouvoir de tracer dans le monde (au sens où Montaigne l'entend) toutes les lignes que je veux. Je serai noire entièrement, non pas en mon pays, mais sur la terre entière que couvre ma féminité. Moi qui n'ai pu me saisir jusqu'ici par aucun concept, je contesterai globalement pensée, langage, culture, mœurs, hideux gouvernements, gouvernés avachis, lois, juridictions, armées, enseignements, science pourrie, tout ce qu'ont fait les hommes. Je les HAIS. N'ayant été que femme jusqu'ici, j'accepte de me découvrir à travers les négritudes dont la femme est l'essence, y compris celle des animaux. Je plierai à ma propre glorification un langage tout entier conçu contre moi.

Thérèse PLANTIER

Extrait de Le Discours du mâle. Logos Spermaticos,
Éditions Anthropos, 1980, pages 144-150.

Thérèse Plantier

Un Château-Prison-Sadien

La planète entière est aujourd'hui un Château-Prison-Sadien. Regardez donc quelles sont les premières victimes en cas de guerre, d'insurrection, de prises d'otages, d'attentats politiques ! Les femmes et les enfants. Tout continue comme par le passé. Sade en est-il mieux lu et connu ? Pensez-vous ! « On » a trouvé un truc : faire de Sade un homme de littérature et non d'événement afin que le peuple, toujours méfiant à l'égard de la lecture, ne le lise pas. « On » met l'accent sur ses qualités littéraires afin de dissimuler ses qualités de révolté ! Méthode éprouvée. Il y en a d'autres. Aujourd'hui, « on » prend à la base la précaution de ne pas publier les gens qui ne doivent pas être connus. L'État met en place les universitaires qui servent de comités de lecture aux éditeurs, à tel point étatisés qu'industries militaires et industries romanesques (Matra, Dassault) se confondent.

Il faut être maboul pour passer négligemment sous silence que les tortionnaires mis en scène par Sade exercent leur cruauté sur des femmes et des enfants. Il est nécessaire chez lui de ne point avoir commis de péché pour être puni. Ne sont punis que ceux qui n'ont point péché ! Justine est torturée et tuée à cause de ses vertus et de ses beautés par une Juliette que, l'obligeant à se comporter en homme, les hommes ont rendue folle au point qu'elle ne sait plus distinguer entre la douleur et le plaisir. De même que, récemment, les commentateurs mâles d'un film sur l'excision assuraient que ce sont « les fillettes elles-mêmes » (de quatre à cinq ans) qui réclament qu'on leur arrache le clitoris (elles savent très bien ce qu'on leur enlève !), de même, Juliette se réjouit-elle, et elle a raison n'est-ce pas ?, d'être torturée et de torturer. Sade et ses zélateurs sont les miradors d'où la bonne conscience est mitraillée.

[...]

Dans l'ensemble le dégoût surnagea jusqu'au moment où j'optai pour le repli de mes batailles sur la ligne du féminisme ; alors, paradoxalement, me vint de la mansuétude à l'égard du pitoyable Marquis. J'ai jeté sur mon plateau de balance le fait qu'il était homme malgré lui, comme on est vipère, et que, de son temps comme de celui de Rousseau, la supposition qu'une femme puisse être respectée par l'homme n'était venue à l'esprit de personne. Son époque rendait Sade tout aussi naïf que Rousseau, dont il ne différait qu'en regardant le « socius » par l'autre bout de la lorgnette. Pour Rousseau, l'homme est bon. Et la femme n'existe pas. Frères jumeaux, ils haïssent souvent ce que je hais mais n'aiment pas souvent ce que j'aime. Ils sont victimes de leur siècle, de leur tempérament, de leur caractère, de leurs faiblesses, de leurs vices, du langage qu'ils emploient et des notions qu'il contient. Sade et Rousseau retardent même sur le bon et génial évêque qui, au Ve siècle, s'étonnait que les femmes ne puissent porter de nom générique que celui d'homme. Comme on les rangeait obligatoirement dans le genre humain, Sade imaginait pouvoir leur attribuer la mauvaise « nature » masculine, à la condition qu'elles en fussent victimes. Toujours cette ambiguïté chez Sade mais doublée d'une perspicacité qui fait que, toujours et partout, les femmes sont chez lui en situation de suppliciées, même Juliette, laquelle offre ce trait psychotique d'aimer son supplice, alors que les bourreaux qui la supplicient n'ont pas, eux, à aimer leurs tortures. En fait, on ne torture pas ces derniers, on ne les assassine pas. Les sévices légers qu'on leur impose, à leur demande, servent à stimuler leurs éjaculations d'impuissants. Ni Juliette, ni Isabeau de Bavière, ne sont des femmes. Seulement des produits mécaniques de l'hypothèse : la nature mauvaise ne peut susciter qu'une espèce mauvaise où les femmes, reflets des hommes, jouent un rôle aussi néfaste que leurs inspirateurs, même lorsqu'elles échappent de justesse à leur état de victimes exemplaires. Si Sade entend nous persuader que Juliette adore souffrir, il surpasse les S. S., qui n'ont pas osé placer dans la bouche de leurs condamnés des propos concernant la volupté éprouvée dans les chambres à gaz.

[…]

Ils se garderaient bien, ces divins lettrés, de prononcer une condamnation claire contre le genre viril dit humain, contre ses monstruosités, ses vices, ses anis pourris d'hémorroïdes et de fistules, ses doigts crochus qui s'acharnent à tirer leurs tripes hors du ventre des femmes et des enfants, ses bouches puantes distendues par la joie d'assister à des excisions (ces bouches musulmanes, le les ai vues en Télévision, lors de la présentation d'un film de Vaeraghen). Mais Sade qui croyait condamner et n'y parvenait pas, m'apparaît aussi victime que bourreau, aussi faible qu'une excisée, aussi garrotté qu'une fillette de quatre ans livrée à l'infibulation. De sa faiblesse, de son ambiguïté, de son impuissance, se repaissent les bureaucrates de la culture actuelle, ivres à l'idée de faire passer les qualités littéraires avant les déficiences caractérielles. Ils divinisent Sade pour son impuissance à lutter contre les puissants (n'appartient-il pas à leur caste ?). Ils vont jusqu'à considérer comme audace révolutionnaire les agressions mineures mais ignobles, coups de fouet aux prostituées, injures, menaces, mépris, piquetages à la fourchette ! Je pense pour ma part que le Divin Marquis a dû pisser au lit jusqu'à quatorze ans et que, s'il vivait aujourd'hui, il serait psychanalyste après avoir été longuement psychanalysé.

[...]

Simple remarque : c'est au sujet de Sade que nos distingués universitaires s'extasient, mais pas au sujet de Da Ponte par exemple, le librettiste de Mozart. Ces trois hommes vivaient à peu près à la même époque. Du moment que s'en mêle le vice, qu'ils font passer pour vertu, les historiens étalent leurs petites préférences.

Sade m'est apparu comme une victime, un chasseur chassé, un bourreau tremblotant et un pauvre mec incapable de refuser les soi-disant lumières de son époque, de voir plus loin qu'elles. C'était un naïf. Je lui ai pardonné beaucoup du fait qu'il donnait de cette époque une image correcte : les hommes n'y existent que pour détruire et assassiner. Par contre, je ne pardonne rien à ses commentateurs d'aujourd'hui, qui n'ont pas l'excuse d'avoir vécu au temps de Sade et qui se contorsionnent dans leurs études du XVIIIe siècle comme des larves qui n'ont pas réussi à éclore. Chacun de ces personnages s'imagine présenter une idée originale au sujet d'un original et ne s'aperçoit pas que ce qu'il raconte est pour le moins ringard. Ils se croient philosophes : ce sont des attardés barbotant dans Sade comme des canards dans une godasse. Cette mise au pavois de Sade par les promoteurs des vices masculins présage que le rideau se baisse sur les dernières représentations de l'ignominie masculine. Si André Breton n'avait pas fourni Sade aux gradés universitaires, ces derniers n'auraient-ils pas été dans le cas de devenir impuissants ? Dédramatiser Sade, le présenter comme normal, tel est le dessein de la coterie qui rêve aux délices du meurtre, qui fournit ses lettres de noblesse à la torture pratiquée par les gouvernements totalitaires. (Épigraphe de la *Nouvelle Justine*).

Thérèse PLANTIER

Extraits de *Provence, ma haine*, Christian Pirot, 1983, pages 141, 147, 148, 149.

Groupe Svola : Lisa Burg, Gille Wittig, Marie-Christine Brière.

Thérèse Plantier

Le potentiel révolutionnaire des femmes

*Les femmes possèderaient-elles aujourd'hui
un potentiel révolutionnaire ?
Ou suis-je toute seule ?
Et après ?*

On pourrait poser ces questions autrement. À l'Art d'être homme, ne vaudrait-il pas mieux que succédât l'Art d'être femme ? Femme qui accéderait à cette sérénité laquelle permet à l'homme de se prosterner devant la beauté artistique sans être condamné au plus tragique isolement.

Eh oui ! Au potentiel révolutionnaire correspond un potentiel artistique. Libérer l'un équivaut à libérer l'autre.

Le moment est venu où les esprits forts de la planète, et je ne fais absolument pas allusion à la soi-disant intelligentsia de Paris et des autres capitales, se sont rendu compte que la « civilisation » néo-bourgeoise avait tourné court. Les esprits faibles en sont eux aussi conscients, mais il est impossible de les amener à le reconnaître : ils ont trop peur. « Oh ! vous croyez ? », puis ils déjeunent d'un bon rôt de veau ou de porc, gentilles bêtes d'autant plus pétries d'hormones ou de maladies que des vétérinaires s'en occupent.

Personne, qu'on soit faible ou fort, n'ignore que les dommages subis par la planète Terre et son atmosphère sont irréversibles. Les déchets nucléaires ont contaminé à jamais les plates-formes sous-marines. D'étranges algues envahissent les mers, détruisent la vie océanique ; les fusées, les Jets, les avions supersoniques, les satellites etc... dévorent l'ozone de l'air au point que d'énormes trous donnent sur le vide astral, et au Sud, et au Nord. Le sol cultivable ne produit plus de plantes nutritives que par l'action dégradante des engrais chimiques qui pourrissent également les golfes, les rivages, les lacs. Il serait terrifiant d'énumérer les ravages subis par cette « nature » qu'il y a cent ans Karl Marx recommandait de conquérir. Que c'est allé vite ! L'équilibre est rompu entre le phylum (j'entends par ce mot l'ensemble des êtres « humains », aussi dénués de raison que de cœur, couvrant actuellement la Terre) et ses reconstituants gazeux, fluides et solides. Hegel ne se trompait pas de beaucoup : l'Histoire prend fin.

Le plus bizarre est que, parmi les gens qui sont conscients de l'agonie du globe, si peu se soucient des raisons profondes de ce phénomène. On énumère des causes mais on ne fournit pas de raisons. Ainsi obtient-on des explications erronées, faux problèmes n'appelant que de fausses solutions. Alors qu'il s'agit de la continuité du phylum sur cette vieille Terre, il semblerait que les scientifiques et les philosophes eussent dû poser les bases d'une analyse critique de ce socius dont ils contemplent la déconfiture. Or ils ne l'ont pas fait, sauf, à ma connaissance, un seul, David Rousset, dans *La Société éclatée*, livre paru chez Grasset en 1973. Les autres ont laissé dire et accomplir, obtenant ainsi que la torture devienne l'arme essentielle de tous les gouvernements, dont les chefs n'ont en cervelle qu'une obsession :

torturer, tuer. Hors de cela, rien ne les intéresse. Nous vivons dans l'ignominie, le mensonge et l'horreur. Et combien m'a déçue un Jean Ziegler, professeur fier de son importance ! Il justifiait récemment l'excision et l'infibulation, sous le prétexte qu'il ne faut pas se rebeller contre les vieilles mœurs des peuplades dépourvues de culture européenne.

Les animaux, parmi lesquels je situe les femmes, ne peuvent se défendre contre la terreur qui les saisit devant la haine que leur vouent leurs congénères. En fait, il n'est aucun malheur de l'espèce dite humaine qui ne soit dû à cette haine, que peu d'« hommes » acceptent d'expliciter. L'affamement, par exemple. Privés de lait, les bébés meurent. Ils n'ont pas su ce qui leur arrivait, ils n'ont pas su pourquoi leurs gencives ne pouvaient presser une tétine ou un biberon. À leur mort, il y a pourtant des motifs. Tous les Européens connaissent l'histoire du lait contaminé en Pologne par Tchernobyl, lait dont une Maison suisse ravitaillait ses containers. Sachant fort bien que le lait était irradié et ne pouvant se résigner à diminuer ses profits, elle l'expédia vers les pays du Tiers-Monde, où les bébés crevèrent pour avoir absorbé les radiations du cesium, c'est si mignon, un bébé, n'est-ce pas ? La Maison suisse les bouffa tout crus. Ce n'est pas Dieu qui veut le malheur des femmes, des enfants, ce sont les hommes, je dis bien les hommes, patrons des « grandes » multinationales, qui désirent ardemment, convulsivement, torturer et assassiner leur prochain. Les hommes se sont refusés à ressembler aux animaux et ont prétendu (cartésiens !) appartenir à une espèce très particulière, très douée. Or, l'animal ne tue jamais pour le plaisir, il tue pour se rassasier. D'ailleurs les carnassiers de même espèce ne se nourrissent pas entre eux : l'aigle fond sur le rat, le chat sur l'oiseau, les fauves (s'il en reste !) sur les ruminants. Seul le poisson absorbe le poisson, mais pour se nourrir, pas pour éprouver de la volupté. Les poissons ne sont pas sadiques, même pas les requins que les bonzommes affirment cruels. Au contraire sont-ils peureux : à Dakar et dans la baie de Fernando Po j'ai nagé parmi eux ; ils me craignaient, ils me fuyaient. L'homme tue la femme et l'autre homme dans le but de les occire. Au plus lointain qu'on remonte dans l'histoire des Hommes (tenus pour tels), on constate que, si le comportement de ces anthropoïdes ne faillit jamais à cette règle, celui des femmes diffère : elles s'acharnent à empêcher de mourir les enfants auxquels elles ont donné vie. Il y a bien, en cet aujourd'hui complètement rétamé, des exceptions : certaines femmes (très peu) assassinent leurs enfants. Il s'agit, je pense, de folles ou de droguées.

La différence cruciale entre l'homme et la femme est que si l'homme ignore d'où arrive ce qu'il nomme l'enfant, la femme le sait, puisque son ventre lui appartient. N'auriez-vous donc pas lu le splendide livre de D. de Foë (ouais ! *Gulliver*) : *Moll Flanders* ? Il y est question d'une remarquable femme qui, pour rendre dérisoire le comportement des galants hommes de son époque, abandonnait les enfants dont ces galants l'engrossaient et montrait par là autant de désinvolture qu'eux, lesquels pourtant avaient conçu une loi nommant des « Curateurs au Ventre » : ces derniers acceptaient la puissance du Ventre. Le *Vir* a été réduit à masquer son ignorance obligatoire de la paternité par des lois créant un droit coutumier, ou plutôt codifié, droit qui supplée, malaisément, à l'absence de conviction. Une fois que les hommes se sont trouvés en état, grâce à un langage qui leur appartenait en propre, d'aligner des symboles, de manipuler des codes, de rattacher les systèmes aux structures, ils ont cru tenir le bon bout. Mais ils se sont seulement installés dans des nuages de gaz délétères d'où, quels que fussent leurs efforts et machinations, ils ne pouvaient que choir [...] Seuls certains poètes (devins et divins) ont lutté (parfois soutenus par des linguistes) contre l'anthropocentrisme. Ils ont tenté de faire découvrir son identité à cet animal-femelle ressemblant à l'homme. Cependant, passant par les filières de l'esthétisme, de l'Art, ils accentuaient la scientificité de leur démarche.

Nous-femmes pourrions cependant extraire aujourd'hui, de notre chosification, des motifs de conduite, des raisons de comportement. Nous pourrions renoncer à être « belle-et-tais-toi ». Nous pourrions tenir pour acquis que notre exclusion, ou forclusion, si elle s'est produite dans le passé, n'est pas de nature à durer éternellement. Il se pourrait que soit arrivé le moment où elle va cesser. Nous appellerons cet instant l'Événement, car on ne peut le juger avènement. Cet Événement est mieux reconnu aux USA qu'en Europe (ne parlons pas de l'Afrique ou de l'Asie, où plus de cent millions de femmes, pour le moins – lire *Le Viol des viols* de P. Leulliette[1] – en sont toujours au stade « culturel » de l'excision et de l'infibulation) et il y prend de l'importance du fait que certains des esprits forts redoutent la mort de la planète Terre. Erik Erikson nous affirme que si l'homme délègue quelquefois un poste important aux femmes, c'est qu'il est probablement trop tard pour qu'elles substituent leurs pulsions de vie aux pulsions masculines de mort. J'espère que la bonne conscience que certains s'attribuent ainsi adoucira leurs derniers instants, mais à ce que je connais de mon tempérament, je doute que les miens en soient réchauffés. Il n'empêche : du fait que les femmes ont parfois accès, non seulement à la parole publique, mais encore à l'écriture imprimée, on peut s'attendre à ce que les plus hardies d'entre elles en profitent pour demander que soit retirée aux hommes la parole-explicite, aussi longtemps qu'elle l'a été aux femmes. Simple justice et équilibre. Virginia Woolf, la plus rétive d'entre elles parce que la plus meurtrie, n'a tourné, hélas !, sa violence que contre elle-même. Beauvoir, elle, n'a pas dépassé le niveau moral de la midinette. Certes, elle ne fut pas femme de salons, comme les morues-écrivaines du début du siècle, les Marcelle Tinayre, les Colette, les Gyp (comtesse de Martel de Janville de Mirabeau), les Djuna Barnes et autres Cléo de Mérode (mais pas si belles). Cependant Beauvoir s'obstina à rétrograder dans les antichambres de la pensée et à y balayer les miettes de la philosophie virile. Je sais quels furent ses amis. Toujours douteux. Elle en a été d'ailleurs judicieusement punie, et ses jérémiades au sujet des vols commis par la fi-fille à son pé-père-Sartre n'y ont rien changé. Si Beauvoir n'avait pas accepté, que dis-je ? recherché les couleuvres que Sartre lui fit avaler, elle eût conservé plus fière allure.

Les femmes prêtes à passer à l'action sont encore peu nombreuses, car lezhommes ont en France très bien aperçu le danger. Les éditeurs de romans et d'essais leur refusent la parole. J'ai voulu tourner la difficulté en écrivant cette poésie que lezhommes considèrent comme une amusette, afin de donner libre cours à mon insolence et à ma révolte. J'ai là trouvé des éditeurs. Mais les journaleux et les medias se sont bien gardés, pas si fous qu'ils en ont l'air, de me mettre en vedette. Un jour, Pivot, qui perdurera dans sa niaiserie jusqu'à ce que mort s'ensuive, a présenté de la poésie féminine des échantillons si ridicules qu'il ne pouvait le faire que dans l'intention de sabrer les vraies poétesses (j'emploie ici un substantif qui ne me plaît guère). J'ai écrit, on m'a bâillonnée : je m'y attendais. Personne pour me haïr en ce moment comme les Régine Desforges et les Pauvert. Je ne me suis pas prêtée aux plus littérairement viles besognes qu'accomplit, chargée de chaînes, verrouillée au pubis et au cul, une Emmanuelle. Pour la religieuse athée que je suis, le pire des patrons est le frère des ouvriers (subséquemment, des ouvrières) qu'il exploite. L'avez-vous lu, *La Religieuse* de Diderot ? Quelle dégringolade, depuis les Encyclopédistes ! Foucault et Barthes partageaient cette opinion ! D'ailleurs, on ne trouve point d'athée chez les Capi de la Mafia et dans l'entourage des Papes (famille des Borgia). Je précise que, du fait que Dieu envoya sur terre un chargé de mission, Jésus-Christ, ce dernier est sujet à caution. Ne tient-il pas à se démarquer des pleureuses, dépendatrices, Mater Dolorosæ ? « Femme, qu'y a-t-il de commun entre toi et moi ? » demande-t-il à sa mère voulant lui suggérer ainsi qu'elle pouvait avoir fait son époux cocu. Du moment que n'existaient point alors de Curateurs de Ventre… il y a si peu de temps ! Deux mille ans seulement, face à l'éternité !

Peu nombreuses les femmes décidées à passer aux actes, à prêcher contre tous les gouvernements. Je répète qu'Arlette Laguiller en est une, qu'elle représente, aujourd'hui, la partie émergée du potentiel révolutionnaire des femmes. Il est facile aux hommes d'empêcher les femmes de parler, d'écrire, de mettre un terme à de si « abjects » agissements. On sait que Lucky Luciano faisait étrangler, avec un mouchoir brodé à ses initiales, les prostituées se révoltant contre la mafia des stupéfiants, dirigée mondialement depuis la Sicile par le bandit auquel, pour le récompenser de son aide aux Américains lors de la dernière guerre, on fit accorder sa grâce par le Procureur Général de New York. On sait que, dans l'édition française, certaines collections sont dirigées virilement par des prête-noms féminines. Donner le change, pour que ne soit publiée aucune femme contrevenant à l'ordre viril. Sortent, au contraire, des foules d'écrivaines dont les malabars n'ont rien à craindre. Un moment, les lesbiennes firent prime sur le marché. C'était si émoustillant ! Mais bien vite l'Édition des Femmes se désolidarisa du combat qu'elle menait en faveur des plus misérables d'entre les femmes : les prostituées. Qu'on se souvienne de l'affaire de la Librairie Lyonnaise, fauchée par « Antoinette » à la putain repentie qui la dirigeait[2]. Bien vite l'Édition des Femmes a fait la plus basse des cours à un gouver-nement qui lui a répondu par des coups de pied au cul et lui a préféré les sortes de Sagans dont au moins l'État est sûr qu'elles n'ont jamais écrit de livres.

Je n'ai rien contre les lesbiennes, si ce n'est que s'éloigner des zommes équivaut à accepter de ne plus lutter contre eux[3]. En outre, certaines femmes ont été durement molestées par l'équipe des Gouines rouges[4]. Violée, battue, torturée, l'une d'entre elles cherchant refuge (je l'y ai vue) dans la réunion « Dialogues de Femmes » dirigée par Alice Colanis à Paris, se nommait Marion. Qu'est-elle devenue ? Gérard Lecha a écrit un livre à son sujet. Les Gouines rouges ne sont-elles pas allées jusqu'à faire courir le bruit, qui m'a été rapporté par Violette Leduc, que j'attendais les lycéennes parisiennes à la sortie de leurs cours. Moi ?

Vous possédez une sacrée mémoire, s'exclamera-t-on. Il le faut bien, que je possède, entre autres, le don de me souvenir.

La littérature française a pris une allure si louche qu'on s'en gausse partout ailleurs qu'en France. Si les medias trompettent et retrompettent des louanges à propos d'un livre écrit par un mec sur les femmes, soyez sûrs, collègues !, que le sperme y coule à flots et que le gars y expose, ratamiou ! (en sériant les races et les nations), avec quelle adresse il a trempé son biscuit dans les « tasses » intercontinentales. Le nom de ce super-baiseur, vous l'avez deviné. Non ? Je vous le livre : Philippe Sollers, actuellement Papaparisien. Au fait, c'est-y jaune un vagin de Chinoise ?

De même ne publie-t-on que des femmes sans caractère ni talent.

Qu'une femme rue dans les brancards, les journaleux ne le signalent jamais. Celui du *Canard enchaîné* préférera raconter sur trois colonnes à quel point Sagan l'em... plutôt que de laisser tomber un mot au sujet d'un style secoué par une violence justifiée. Le système fonctionne en machines de machines bien rodées. Une parole féminine ne s'y insère pas plus qu'il y a des millions d'années. À condition que les femmes tendent à leurs boyards des fouets pour se faire rosser et abîmer, elles priment dans les bordels où les hommes secouent leurs tripes intellectuelles. Où se manifeste-t-il donc, le potentiel révolutionnaire des femmes ?

Pour l'instant, nulle part ailleurs que dans l'aveu que font certains essayistes, écrivains, historiens : ils ont peur d'elles. Bien entendu, cette peur est une comédie. Elle se joue à tous les niveaux, des plus vulgaires aux plus étatisés. Il m'est arrivé d'entendre sortir de la bouche d'un type que j'avais malencontreusement épousé :

— Avec les autres femmes, c'est facile : une bonne paire de claques et elles la bouclent.

Pendant notre vie commune, il eut à réfréner son envie de me claquer, jusqu'au moment où, découvrant qu'il pouvait se soulager ailleurs, il claqua la porte. J'étais donc la seule à l'avoir dompté. J'en conclus que les bonzommes jouent une sacrée comédie. Ces Duby, ces Lederer, qui, dans Hebdos et Revues, décrivent leur crainte des femmes, y rajoutent des ornements : ils crèveraient de peur à l'idée d'être mis au pied du mur par l'incapacité (temporaire ! temporaire !) de ne pas les satisfaire sexuellement. D'autant qu'il a fallu supputer préalablement, grâce à une foule de théoriciens de même farine, que les femmes sont capables d'éprouver, chaque jour, un nombre illimité d'orgasmes. Ceci ne révèle rien d'autre que la propension hystérique que possèdent les Membres des Institutions Intellectuelles d'État, à fréquenter des prostituées qui leur font croire, pour les flatter, qu'elles jouissent à répétition. Une de mes amies me confia que, face au Luxembourg, sous des Arcades, a été installée une maison où recevoir les Parlementaires et les Députés de province. Pour ma part je n'ai connu, par ses confidences, qu'une femme prétendant aller parfois jusqu'à six ou sept orgasmes par jour. Ainsi fréquentait-elle assidûment les cinémas de la rive gauche, spécialisés dans les rencontres louches. Ce fut l'amie de Violette Leduc, au temps où Violette Leduc m'envoyait porter à Bagnolet ses billets doux à un René dont elle était amoureuse, mais qui ne voulait plus la voir, prétextant qu'il était marié[5]. À moi, il avoua franchement qu'un temps l'excita l'intensité de la laideur de Violette, mais que ça lui avait vite passé. Je lui conseillai de laisser tomber définitivement Violette, au lieu de la torturer en la menant en bateau (d'ailleurs, ils s'étaient rencontrés à Etretat). Il m'obéit. Violette s'en guérit plus vite. Quant à la baiseuse dont je parlai plus haut, elle s'empara frénétiquement, un soir, dans un bar parisien, du frère de René, et lui suça goulûment les lèvres en se tortillant comme un ver, elle qui souffrait des reins. La sclérose en plaques, à laquelle elle devait probablement son hystérie, l'a emportée. Voilà pour l'extrême potentiel sexuel féminin. S'il est capable de terroriser les hommes, c'est que nous-femmes n'avons affaire qu'à des guignols.

Quant à notre potentiel révolutionnaire, le reconnaissent quelques mâles, rassemblés par les souffrances auxquelles les condamnent des régimes politiques et économiques particulièrement inhumains. Certains continuent à penser qu'auraient existé des sociétés sans classes : les sociétés primitives. Pour ces mâles, le Paradis fut derrière avant que de passer devant. Leur en reste le rêve. Je me demande alors comment la formation des classes antagonistes obtint le privilège de la création du malheur. Je me demande également si les sociétés sans classes ne dissimulaient pas le plus affreux des malheurs au cœur même du plus explosif des potentiels. Lorsqu'on accepte comme hypothèses que naquirent des sociétés modèles où l'on ne luttait pas pour conquérir le pouvoir, on ne peut réfuter cette thèse : n'ont jamais existé de sociétés sans femmes, même si le serpent (vous vous souvenez sans doute d'Adam et d'Ève) s'y introduisait sous forme de sexe neutre, même si ce neutre téléguidait le féminin. On nous a répété à l'envi que ces femmes ne jouaient aucun rôle. Ne s'accumulait-il donc pas, le potentiel de révoltes-révolutions spécifiquement féminines ? Des révoltes se sont en effet produites, mais pas des révolutions, pas LA RÉVOLUTION. J'ai sous les yeux un bulletin du Centre d'Information Culturelle de Vaison-la-Romaine, Bulletin du 31 mars 1982, où le tendre Monsieur Marzaux, archiviste, raconte la Révolte des

Femmes à Vaison en 1709, révolte qui prit le caractère d'un crime contre l'Autorité. L'hiver 1708-1709 fut si glacial, la veille des Rois, que le vin gela dans les tonneaux et que vignes et oliviers moururent. La famine ravagea Vaison et ses alentours. Les gens riches, y compris la famille de la Marquise d'Aulan, refusent de désemplir leurs greniers. Alors les femmes se rassemblent, car, écrit Marzaux : « C'étaient toujours des femmes qui menaient les cortèges ». Dirigées par Rosa Allègre, 18 ans, fille de boucher, elles courent sus à la maison du Consul Taxi (existent encore des Taxi à Faucon) pour la brûler. Rosa est arrêtée comme coupable d'actes relevant de la Congrégation Criminelle d'Avignon. Après maintes décisions, dont celle de l'exposer au carcan sur la place du marché, Rosa fut pardonnée.

Quant à l'éducation des jouvencelles de la noblesse et des notabilités au XVIe siècle, quelle lamentable entreprise ! Lits pleins de punaises, point d'eau pour la toilette (« Mes yeux sont si pleins de chacie que je ne puis les ouvrir. » À quoi répond l'Éducateur : « Arrousez-les de votre salive. »). L'écrivain Meunier donnera, dans ses *Sentences dorées*, de savoureux conseils :

> De plusieurs choses Dieu nous garde :
> D'une femme qui se farde,
> D'un dîner qui trop me tarde,
> De noise de petits enfants etc etc...

L'heure du dîner arrivant, la fille s'écrie : « Comme le ventre et les boyaux me buglent et brayent de faim ! »

« On ajoute parfois au menu (potage aux choux et viande bouillie) un quignon de pain avec un lopinet de foye. »

Grâce à ces ventres plats s'achevait l'éducation des filles. Pourtant Bossuet avait décidé que, même parmi les hérétiques, les femmes et les enfants avaient droit de citer l'Écriture !

Dire que Régine Pernoud croit que les femmes ont perdu de leur pouvoir avec le Code Napoléon !

Il apparaît partout que, dans les moments de libération sociale, en Algérie par exemple, les femmes ont seulement lutté comme des soldates sans solde, aussi tôt refoulées dans leurs casernes familiales dès qu'un groupe de combattants virils pourfendait l'autre groupe.

En une France soumise aux rois et aux hobereaux s'accumula certainement dans la paysannerie, unique classe alors productrice, un potentiel révolutionnaire engendré par les extraordinaires souffrances des hommes et des femmes (qu'on songe à la Guerre de Cent ans !) mais doublement ressenti, sinon exprimé, par les femmes. En ces temps, la longueur de vie ne dépassait guère trente années. Les esprits éclairés d'alors, ceux qu'aujourd'hui je nomme esprits forts, finirent par prêter l'oreille aux gémissements et aux vociférations des révoltés, alors que les nantis se contentaient d'estrapader, rouer, griller au feu de bois. Toujours d'après la thèse communément admise, ces revendications n'eussent pu se formuler si, en même temps que s'amoncelaient les richesses des bourreaux, ne se constituait et ne s'institutionnalisait une puissance économique, la bourgeoisie, faisant éclater les cadres politiques qui la jugulaient. On voit où je veux en venir : à ceci que, une fois en place, la bourgeoisie opprima la classe composée momentanément de paysans se transformant en ouvriers, classe que Marx nommera prolétariat, et que l'on désigne aujourd'hui par un terme volontairement spécieux : le peuple.

Il s'agit d'une loi sans exception, implacable : les couches de la population dont les exploiteurs tirent leur justification matérielle et théorique, sont toujours aussi méprisées que terrorisées. Ne nous étonnons pas que cette loi exige que la femme soit d'autant plus humiliée qu'elle est exploitée.

Parenthèse : c'est à Saint-Simon que le socialisme français doit la notion de constitution de classes sociales. Entre 1818 et 1825, au moment où la France s'engloutit à nouveau dans les monarchies, Saint-Simon constate que la société se scinde en deux parts antagonistes et complémentaires : d'un côté les maîtres et propriétaires ; de l'autre, les esclaves ne possédant que leur salaire. En 1794, Babœuf avait donné un sens à la première classe. Saint-Simon insistera sur la seconde. Le terme « prolétariat » apparaîtra en 1832 et Marx l'adoptera. À partir de Saint-Simon et de l'établissement de la monarchie bourgeoise, tous les réformateurs, Pierre Leroux, Auguste Blanqui, Jean Reynaud, s'accordent sur cette proposition : « Le peuple se compose de deux classes distinctes de conditions, et distinctes d'intérêts : les prolétaires et les bourgeois. » Les ambiguïtés sont levées, même celle de Flora Tristan, qui fonde alors « L'Union Ouvrière », où elle s'adresse à une classe ouvrière « proprement dite », comprenant les ouvriers et ouvrières de la soie à Lyon, du coton à Rouen, du ruban à Saint-Étienne (viendront ensuite les bonnets, chaussettes, bas, du Vigan).

Marx et Engels y ajouteront une nuance nouvelle : ce prolétariat est une *classe porteuse d'Histoire*. Étant celle qui a enduré désormais le plus de souffrances, elle éprouve un grand besoin de s'en débarrasser. Tenant Marx pour l'un de ces esprits forts qui ne manquent jamais de surgir au cours de l'Histoire, laquelle ne manque jamais de se reconnaître en eux, même si elle dissimule parfois leur nom, je constate que l'histoire a continué sans Marx, qui ne pouvait prévoir quels avatars la métamorphoseraient. C'est le sexe féminin qui vint au jour, après la disparition des fondateurs et des émules du marxisme. Difficile de haïr Freud, qui, à force de répéter que nous étions des idiotes, a attiré l'attention sur nous, ce que n'avait pas fait Marx. Oh ! il y avait bien eu, au VIe siècle de notre ère, un évêque dont Grégoire de Tours signale l'intervention (mais pas le nom) au Synode Provincial de Mâcon. Cet évêque inconnu se leva pour proposer que l'on forgeât un terme qui désignerait spécialement la femme par le nom de : Femme, et non la femme comprise dans l'Homme. Il ne fallait point, à son sens, englober le terme « Femme » dans le terme « Homme ». Quatorze siècles après, on nous affirme encore que, lorsque les hommes sont libres (en démocratie, par exemple), les femmes le sont de droit. Bizarre, non ?

Je n'en reviens pas ! Et je porte la hardiesse, que dis-je ?, l'arrogance, jusqu'à proposer que le langage, ici ou ailleurs, soit remanié, afin que les femmes puissent commencer à échapper aux insultes d'un éditeur tel que Laffont, qui, lors d'une réunion de femmes écrivains à l'Hôtel de Massa, déclara, je l'ai entendu de mes oreilles :

« Vous vous trompez, Mesdames, en pensant que nous ne vous accordons pas d'importance. Si vous nous envoyez un bon manuscrit, nous l'admirons, car c'est écrit comme un homme écrirait. »

Fou rire dans la salle.

Qu'on se moque d'eux n'ôte pas aux hommes éditeurs leur domination sur les femmes. Mais elles disposent d'autres formes de lutte. S'admettant comme les représentantes d'un groupe portant, seul, l'avenir imaginable, elles devraient s'unir pour un même combat et utiliser toutes les armes possibles. Considérant que, parmi les obstacles rencontrés, le langage viril est celui qui gêne le plus, elles doivent tenir pour fondamental de le détruire. Peu à peu, car il les investit depuis si longtemps ! Si les révoltes paysannes et bourgeoises ont abouti à des transformations de régimes économiques, c'est qu'à la vociferation s'adjoignaient des forces cachées dans l'ombre et s'emparant en douce des positions-clés. Puisque la force représentée par la main d'œuvre et les aptitudes féminines tente parfois aujourd'hui de modifier le groupe social existant, elle doit s'y prendre avec hardiesse et détermination. Ce n'est pas au déchaînement de nouvelles forces économiques qu'elle tend, mais à la justification et à la répartition des biens produits par ces forces. « À chacun selon ses besoins », préconisait Lénine. Car enfin le prolétariat, quoi que les tyrans fassent pour le passer sous silence, est le même aujourd'hui qu'il y a cinquante ans. L'armée industrielle de chômeurs pèse de la même façon, et avec une intensité mondialement accrue, sur les besoins du producteur de plus-value : le prolo. Encore Lénine : « Les femmes de ménage tiendront en leurs mains les décisions essentielles. » Alors, femmes de ménage (et j'en suis une forcément, moi qui fais mon ménage !), qu'attendez-vous ? Nous n'avons pas besoin de ces intellectuelles dont la propension à s'intégrer me terrifie. Je le répète : Hegel et Marx restaient dans la lignée platonicienne en admettant qu'un point final pouvait être imposé à l'Histoire. Leur manquait l'essentielle donnée : l'exploitation originelle, et continue, de la femme par l'homme. Ils ne distinguaient pas que l'Histoire portait depuis ses débuts, bien antérieurs à la légende biblique, la possibilité d'engendrer le vrai Messie : la Femme. Ni l'Église au IIIe siècle ni la féodalité au XIIe, ni la bourgeoisie au XVe, n'ont envisagé que les femmes pussent exister en tant que couche sociale originale, même si le deuxième Concile de Latran leur accorda une âme individuelle au XIIe siècle.

Certes, les forces économiques à l'étroit dans des cadres politiques vieillis ne désirent que l'éclatement de ces cadres. Mais il ne faut pas confondre luttes de classes et prolétariat. Ce dernier peut exister sans se connaître tel, sans songer à se révolter, sans posséder les moyens langagiers et matériels de le faire. À le brimer s'emploient tous les gouvernements tenant le Capitalisme pour une institution sempiternelle. Terrifiés à l'idée de perdre leur emploi, les prolos, les petits cadres, les employés à cols mous, les fonctionnaires, les enseignants, se tiennent cois le plus souvent. Pourtant nous vivons tous, hommes et femmes, l'instant où rien d'« humain » ne peut plus arriver. La mort de la planète étant promise à brève échéance, la lutte des femmes pour la prééminence doit se substituer à toute autre revendication sociale. Il s'agirait de la première réelle révolte d'esclaves combattant, non pour le rempla-cement d'une couche sociale par une autre, mais pour la libération du phylum entier et pour cette accession à la sagesse que l'Homo dit Sapiens s'était réservée. Même un Spartacus n'était qu'homme.

Nulle part, depuis cent cinquante ans, la classe ouvrière, encouragée par ses divers stratèges et épaulée par les femmes naïves d'un populaire tenu dans l'illettrisme, n'a obtenu que soit édifiée la société égalitaire où, la

« condition humaine » persistant, les souffrances physiques dues aux Économies disparaissent, ou, tout au moins, s'adoucissent. Au contraire a-t-on vu se renforcer partout les plus terrifiantes puissances d'oppression. Qui n'a entendu parler de Staline ? Comparer la situation que Dostoïevski décrit dans *La Maison des morts* avec celle des déportés dans les Goulags fait ressortir que la vie sociale s'est partout dégradée d'abominable façon.

Aucune amélioration du social n'est possible, n'est envisageable, tant que les hommes continueront à ignorer qu'ils ne parlent qu'au nom d'une moitié du socius.

Thérèse PLANTIER

Texte inédit, 1983.

Notes de M.-C. B.

1. Pierre Leulliette, *Le Vol des viols*, Éditions Robert Laffont, 1980. Dénonce les mutilations sexuelles imposées aux petites filles en Afrique et au Proche-Orient : excision du clitoris, ablation des grandes lèvres, infibulation.

2. Après la mise à jour des scandales politico-financiers entre policiers et proxénètes lyonnais les années précédentes, en juin 1975, à Lyon, une centaine de femmes prostituées, confrontées aux poursuites de la police, de la justice et du fisc, occupent une église. La Ligue du droit des femmes, fondée en 1974 par Simone de Beauvoir, affirme sa « solidarité totale avec le mouvement des prostituées en lutte à Lyon ». Les féministes considèrent que la prostitution est le paradigme de l'oppression d'une classe de sexe sur l'autre. Une des porte-parole du mouvement, Barbara, fut embauchée un temps, mais payée irrégulièrement, puis congédiée par la librairie lyonnaise dépendant des Éditions des Femmes. La librairie fut ensuite fermée.

3. Ce propos « à l'emporte pièce » de T. P. est évidemment démenti par la présence de nombreuses lesbiennes dans les mouvements de luttes féministes.

4. Les Gouines rouges (1971-1973), groupe de lesbiennes formé en avril 1971 au sein du MLF, Mouvement de Libération des Femmes, et détachées du FHAR, Front Homosexuel d'Action Révolutionnaire, dont elles ont fait partie un temps. « Nous n'avions pas d'autre revendication que vivre notre amour au grand jour », écrit l'historienne Marie-Jo Bonnet (article paru dans le mensuel *Ex Aequo* n° 11, octobre 1997). Les Gouine rouges (nom adopté après qu'un passant les ait ainsi interpellées lors d'une manifestation) ont notamment « fait acte de visibilité collective durant les "Journées de dénonciation des crimes contre les femmes" tenues à la Mutualité les 12 et 13 juin 1972 » (*ibid.*). L'affaire a inspiré au poète et sociologue libertaire Gérard Lecha l'ouvrage intitulé *Réflexions au masculin sur la très édifiante histoire de Marie-Andrée Marion femme violée*, Éditions Vrac, 1981.

5. Il y aurait beaucoup à dire sur la rivalité supposée ou la prétendue jalousie entre Violette Leduc et T. P. Elles s'appréciaient mais les tempéraments ne s'accordaient pas toujours… Nul doute que la publication du journal de Thérèse nous éclairerait. Les genres dans lesquels excellait T. P. – poésie et pamphlet – n'offrent qu'obstacles (fortes réticences des éditeurs, souscriptions pour tirages de tête…). Encore à ce jour les femmes sont très minoritaires dans la plupart des lieux de poésie : revues, jurys, ministères, CNL, maisons d'édition etc… À notre connaissance, Beauvoir soutint la publication des romans de Violette Leduc, pas celle des romans de Thérèse. Par ailleurs, T. P. publia ses œuvres majeures à partir de 1974 (alors que *La Bâtarde* paraît en 1964). S'il y eut jalousie de la part de T. P., je la situerais sur ce plan-là : l'introduction chez les éditeurs, le coup de pouce, son propre éloignement de Paris. Or en province, son franc parler, son refus total des compromissions n'ont pas arrangé les choses. De plus, à l'inverse de Violette Leduc, on imagine mal T. P. accepter de remanier un livre. Certes Violette Leduc est poète, mais ni elle ni Simone de Beauvoir n'ont reconnu le génie poétique de Thérèse, à mes yeux bien supérieur à celui des deux premières, et encore trop méconnu.

*Bibliographie des œuvres
de Thérèse Plantier*

POÉSIE

Chemins d'eau, Éditions Chambelland, 1963.
Mémoires inférieurs, Éditions La Corde, 1966.
C'est moi Diego, Éditions Saint-Germain-des-Prés, 1971.
Poèmes, in *Poèmes de hippies,* Le Pont de l'Épée, n° 46, 1971.
Jusqu'à ce que l'enfer gèle, Éditions Pierre-Jean Oswald, 1974.
Omerta ou *La Loi du silence,* Éditions Saint-Germain-des-Prés, 1975.
La Portentule, suivi de *Mémoires inférieurs,* Éd. Saint-Germain-des-Prés, 1978.
Semence du trépas, Le Pont de l'Épée, Éditions Chambelland, 1986.
Je ne regrette pas le Père Ubu, Le Pont de l'Épée, Éd. Chambelland, 1988.

ROMANS ET NOUVELLES

Les Anges diaboliques, Éditions Confluences, 1945.
Leçons de Ténèbres, Éditions du Scorpion, 1959.
Le Sonneur (nouvelle), Éditions Atelier des Grames, 1977.
Qouiza, Éditions Hubert Laporte, 1988.

ESSAIS

Le Discours du mâle – Logos Spermaticos, Éditions Anthropos, 1980.
Provence, ma haine, Éditions Christian Pirot, 1983.
George Sand ou ces dames voyagent, Éditions Atelier de Création Libertaire, 1986.

ANTHOLOGIES

Huit siècles de poésie féminine – Anthologie, présentation de Janine Moulin, Éditions Pierre Seghers, 1975.

Contemporary French Women Poets, présentation et traduction de Carl HERMEY, Van Nuys, California, USA, Perivale Press, 1977.

Poésie contemporaine de langue française, présentation de Jean Breton, Éditions France-Loisirs, 1992.

ÉTUDES SUR L'ŒUVRE DE THÉRÈSE PLANTIER

Serge BRINDEAU, « Vertige, destruction : Thérèse Plantier », in *La poésie contemporaine de langue française depuis 1945*, Éditions Saint-Germain-des-Prés, 1973.

« Thérèse Plantier », numéro spécial de la revue *Possibles*, n° 5, 2ᵉ trimestre 1976.

Virginia A. LA CHARITÉ : *Thérèse Plantier : a feminist Poësis*, Australian Journal of French Studies, vol. 34, Issue 3, sept./oct., Liverpool University Press, 1997.

Marie-Christine BRIÈRE, « Thérèse Plantier, Comtadine à poings nus », *Carnets du Ventoux*, 2001.

Jocelyne CURTIL, « Renaître avec l'humanité entière ou la Révolution par le langage », *Les Hommes sans épaules*, n° 13-14, 2003.

Alice COLANIS, « Égarée dans une horde de loups, Thérèse », *Les Hommes sans épaules*, n° 13-14, 2003.

La revue *Les Hommes sans épaules* a publié un dossier : « Thérèse Plantier, une violente volonté de vertige » par Marie-Christine BRIÈRE et Christophe DAUPHIN, avec plusieurs poèmes de Thérèse Plantier, n° 36, second semestre 2013, pages 75-155.

Ce macaque représentera désormais mon symbole

Les auteur-e-s

Danièle ANDRÉ-CARRAZ, poète, écrivain, enfance marseillaise, études de lettres à Aix-en-Provence puis Paris. Ballades à « La Promenade de Vénus » en compagnie des « derniers » surréalistes parisiens et du Sud autour d'André Breton. Un livre : *L'Expérience intérieure d'Antonin Artaud* (Le Cherche-midi, 1970). Carrière d'enseignement dans des universités étrangères. Vit actuellement à Avignon. Critique théâtre et danse dans un quotidien régional.

Andrée APPERCELLE, poète, écrivain, a été, entre autres activités, productrice d'émissions littéraires sur Alpes-Grenoble, FR3 et France-Culture. De 1973 à 1981, productrice de cinq courts métrages, dont *Le Facteur Mougin et son bestiaire*. Elle anime à Grenoble un salon annuel de poésie. Elle a publié une vingtaine de recueils de poèmes, parmi lesquels *Traversée en trois temps* (co-édition Trait d'Union Québec et Fédérop France, 2002), *Mon Asiatique* (La Pierre sauvage U. E., 1998), *Empreintes* (Motus, 1992), *Tentative du bleu* (Cheyne, 1985).

Françoise ARMENGAUD a enseigné la philosophie du langage à l'Université de Paris-X. Secrétaire d'Atalante Vidéos Féministes. Militante de la cause animale, elle a publié *Requiem pour les bêtes meurtries. Essai sur la poésie animalière engagée* (Kimé, 2015), ainsi que *Apprendre à lire l'éternité dans l'œil des chats ou de l'émerveillement causé par les bêtes* (Les Belles Lettres, 2016). Avec Dominique Bourque : *Entretiens avec Michèle Causse* (Les Éditions sans fin, Montréal, 2016). Prépare un ouvrage sur la poésie de Marie-Christine Brière.

Jean-Claude ARROUGÉ, tour à tour comédien, chanteur, metteur en scène, physicien professeur de mathématiques, journaliste, auteur mais aussi grand admirateur de Violette

Leduc et Thérèse Plantier. Se consacre actuellement à un récit qu'il espère publier un jour : *Rencontre avec mon fils*.

Alain BOSQUET, poète, écrivain, traducteur, critique littéraire. Parmi ses multiples œuvres de poésie on peut citer, parues aux Éditions Gallimard : *Quatre testaments et autres poèmes*, 1967 ; *Le Tourment de Dieu*, 1987 ; *Je ne suis pas un poète d'eau douce - Poésies complètes 1945-1994*, 1987. Il a écrit de nombreux romans et des essais notamment sur Saint John Perse, Pierre Emmanuel, Emily Dickinson, Walt Whitman, Robert Sabatier, Roger Caillois. Selon lui, « Toute origine est déchirure / et chaque lieu métamorphose ».

Marie-Christine BRIÈRE, Albigeoise venue à Paris par force. Seconde naissance en mai 68. A mouillé sa chemise en banlieue pour tenter de faire aimer la littérature. Errances bienheureuses dans le théâtre et le chant. Poète depuis l'enfance. Plusieurs recueils publiés (Éditions Saint-Germain-des-Prés, Chambelland, Librairie-Galerie Racine, La Porte). Quatre travaux sur le feu, dont deux recueils de poèmes.

Alice COLANIS, poète, écrivain et militante féministe. Secrétaire nationale de « Choisir » (Gisèle Halimi), qu'elle quitte en 1977, elle fonde l'association « Dialogue de femmes », séminaires de réflexion non mixtes visant à faire connaître l'histoire des femmes (1979-1998). Elle a écrit dans les revues *Esprit, Poésie-Rencontres, Les Temps Modernes* et *Les Hommes sans Épaules*. Elle a publié entre autres : *Passage de l'Archange* (Librairie-Galerie Racine, 2006). *Vingt mille jours, un seul jour* (Le Milieu du Jour, 1992). *Mita nombreuse* (Saint-Germain-des-Prés, 1979).

Jocelyne CURTIL, poète, écrivain, commence par s'intéresser aux disciplines orientales. Elle voyage : colère et révoltes. Nouvelle Calédonie, Inde, Japon. Répugnant à s'adapter au mode de vie proposé, elle explore des niveaux plus intimes dans l'espoir de trouver une justification à « l'être au monde ». C'est cette aventure, avec le corps comme support, dans ses errances, ses impasses, ses déceptions et ses enthousiasmes qu'elle essaie de traduire dans son dernier recueil *Sous le roc le miel* (Librairie-Galerie Racine, 2012). Autres recueils : *Le Soleil sous la peau* (Chambelland, 1967). *Visages pour un lépreux* (1971). *L'Herbe du puits* (1972). *Le Point de non-retour* (1975). *Double un* (1989). *Lumière oblige* (1988). *Les Vitamines du ciel* (2001).

René GHARBI a été journaliste au journal *Le Dauphiné Libéré*. Il avait été chargé de l'intérim de la rédaction en chef de *France-soir* après le départ de Henri Amouroux en 1975, charge qu'il quitta en 1976 en même temps que Jean Sonkin, adjoint d'Amouroux. Il est l'auteur, avec la photographe Caroline Paux, de *Découvrir la Drôme*, Roanne, Éditions Horvath, 1989.

Carl HERMEY, docteur en littérature comparée, a enseigné dans plusieurs universités nord-américaines. Il est notamment l'auteur (et traducteur) d'une anthologie de poètes femmes françaises contemporaines : *Contemporary French Women Poets - A Bilingual and Critical Anthology,* Berkeley, Perivale Press (1977), 1988. En font partie : Andrée Chedid, Yvonne Caroutch, Marie-Françoise Prager, Denise Grappe, Annie Salager, Thérèse Plantier.

Carlo JANSITI, journaliste et écrivain italien, vit à Paris depuis 1986. Auteur de *Violette Leduc, biographie* (Grasset, 1991, 2013), il déclare avoir choisi d'écrire en français « par souci d'osmose avec [s]on sujet, pour l'aimer dans sa langue à elle, par goût du défi, du pari aussi ». Il a préfacé l'édition italienne (Mondadori) de *La Bâtarde*. Responsable du fonds Violette Leduc à l'IMEC, il a publié la *Correspondance 1945-1972 de Violette Leduc*, Gallimard, 2007.

Jean ROUSSELOT participa à la Résistance et fut un temps commissaire de police tout en se consacrant à la poésie (*Les Moyens d'existence – Œuvres poétiques 1934-1974*, Éditions Seghers ; *Poèmes choisis 1975-1996*, Éditions Rougerie), à diverses formes d'écriture (nombreux romans, contes, nouvelles, biographies) et à la critique littéraire (essais sur Max Jacob en 1946, sur

Pierre Reverdy en 1951). Pour lui, le poème « est une prise de conscience des pouvoirs du poète sur le temps, qu'il arrête, les sentiments, qu'il rend à leur nature sublime, sur le réel qu'il perce, transmue déplace pour en montrer l'essence et la pérennité ».

Anne TEYSSIÉRAS vit à Paris depuis 1958 et se consacre à l'écriture. Parmi son œuvre abondante publiée par les Éditions Rougerie, on peut citer *Épervier ma solitude* (1966), *Fragments pour une captive* (1969), *Cinq étapes pour une attente* (1971), *Dernier État* (1974), *L'Écaille entre les eaux* (1975), *Le Pays d'où j'irai* (1977), *Juste avant la nuit* (1979), *Parallèle* (1982), *Le Chemin sous la mer* (1992), *Instant pour une seconde vie* (1994). *Golem*, 2000. Chez d'autres éditeurs : *Poèmes en Kabbale*, Éditions du Pavé, 1984 et *Le Passage de l'arbre mort* (nouvelle), Éditions Littera, 1998. *Le Dit de la Passion*, Éditions Corlevour, 2006. *Précis de recomposition*, Éditions Corlevour, 2013. Comme le remarque Glenn Fetzer, l'œuvre de Teyssiéras est orientée avant tout « vers l'interrogation métaphysique ». Dans *Les Clavicules de Minho* (1986), elle écrit : « Le poème est la clé qui n'ouvre aucune porte. » « Le poème est le foyer d'une illusion […] le poète y entretient sa soif. » « Le poème est un déplacement, non un aboutissement. »

Table des matières

Marie-Christine Brière
   Présentation 11

**Première partie
Témoignages et études**

Jean-Claude Arrougé, Marie-Christine Brière
   Thérèse Plantier : Note biographique 19

Danièle André-Carraz
   Thérèse, terre soleil 23

Andrée Appercelle
   Thérèse Plantier : « volcanique, éprouvante… » 27

Françoise Armengaud
   Thérèse Plantier, poète animaliste
   et féministe : « Je vois en toute bête un Dieu » 31

Jean-Claude Arrougé
   Une « violente volonté de vertige » 59

Alain Bosquet
   Préface à « Je ne regrette pas le Père Ubu » 84

Marie-Christine Brière
   Thérèse Plantier : Vivre en poésie 87

Marie-Christine Brière
  Tout autour « comme un oléoduc mitraillé
  par les Kurdes » 131

Alice Colanis
  Thérèse Plantier : « Debout dans le mistral corrosif
  du vrai savoir… » 141

Jocelyne Curtil
  Quelques réflexions à la suite de l'article de
  Carl Hermey : « Visions le long des *Chemins d'eau* » 149

Carl Hermey
  Visions le long des *Chemins d'eau* 153

Carlo Jansiti
  « Elle riait… » 163

Jean Rousselot
  Préface à « Jusqu'à ce que l'enfer gèle » 169

Anne Teyssiéras
  Préface pour une réédition de « C'est moi Diego » 173

Deuxième partie
Entretiens
Choix de textes de Thérèse Plantier

Guy Chambelland
  Entretien avec Thérèse Plantier :
  « Moi, poète surréaliste ? » 185

René Gharbi
  Entretien avec la femme qui « hait la Provence » 195

Thérèse Plantier
    Mort de Gérald Neveu 201

Thérèse Plantier
    Présentation de « C'est moi Diego ».......................... 205

Thérèse Plantier
    Présentation de l'Anthologie de poèmes de hippies .. 209

Thérèse Plantier
    L'Arménien 215

Thérèse Plantier
    L'orientation essentielle
    de la poésie française contemporaine 218

Thérèse Plantier
    La poésie... 221

Thérèse Plantier
    Ma mère est morte 229

Thérèse Plantier
    On ne lutte pas seule.. 231

Thérèse Plantier
    Un Château-Prison-Sadien... 239

Thérèse Plantier
    Le potentiel révolutionnaire des femmes................... 245

Bibliographie des œuvres de Thérèse Plantier 265

Les auteur-e-s 267

Critique et études littéraires
aux éditions L'Harmattan

Dernières parutions

BAUDELAIRE ET LA NOUVELLE POÉSIE CHINOISE
Ya Wen
Au début du XXe siècle, après une longue dynastie d'autarcie culturelle, la Chine a ouvert sa porte à la modernité de l'Occident. La littérature française de la fin du XIXe siècle y fait son entrée, et, tout particulièrement, la poésie de Charles Baudelaire. Traumatisés par les blessures de guerre, les poètes chinois ont trouvé dans son œuvre un encouragement à réinventer la poésie et une consolation morale et spirituelle au cœur même du spleen. Ce présent travail offre une étude systématique et complète de cette influence baudelairienne sur le monde poétique chinois.
(Coll. Critiques Littéraires, 34.00 euros, 334 p.)
ISBN : 978-2-343-09581-3, ISBN EBOOK : 978-2-14-001442-0

ANDREÏ MAKINE ET LA FRANCOPHONIE
Pour une géopoétique des œuvres littéraires
Harmath Erzsébet
D'origine sibérienne, Andreï Makine, arrivé à Paris en 1987, a commencé à écrire ses romans en français. Son œuvre, dense et diverse, récompensée de nombreuses fois (Goncourt, Médicis…), notamment *Le Testament français*, est étudiée dans cet ouvrage. L'auteur dépasse la simple autobiographie pour construire une « géopoétique » de l'auteur : « monde en archipel », son univers permet l'émergence de connexions et de liens qui redéfinissent son univers littéraire. Un essai expérimental.
(Coll. Littératures comparées, 25.00 euros, 300 p.)
ISBN : 978-2-343-09113-6, ISBN EBOOK : 978-2-14-001572-4

MONTAIGNE EN TRANSSIBÉRIEN
Emmanuel Plasseraud
De Paris à Tokyo, sans quitter la surface du globe. Un voyage vers l'Extrême-Orient, à travers huit pays. Un voyage intérieur avec un compagnon : Montaigne.
(20.00 euros)
ISBN : 978-2-336-29491-9

AUX SOURCES DE L'IMAGINAIRE
Astor Gérard, Habbassi Adel, Leterrier Jean-Michel
Les imaginaires sont les combustibles des révolutions. Mais où faut-il voir leurs sources ? Nous en débutons ici une exploration. Imaginaires surgis dans l'espace gagné entre travail « prescrit » et vérité du travail « réel ». Imaginaires

au croisement des mythes fondateurs et du temps présent qui s'invente à nos portes. Imaginaires qui ne peuvent s'écrire que dans des dramaturgies neuves, à l'image de l'esthétique du « débordement ».
(Coll. Carnets d'Archipel méditerranées, 13.00 euros, 110 p.)
ISBN : 978-2-343-09740-4, ISBN EBOOK : 978-2-14-001530-4

NOUS SOMMES LE LIVRE DISSIMULANT SES MOTS
Autour de l'œuvre poétique d'Abad Boumsong
Sabourdy Philippe

L'auteur vous invite à le suivre, entre les lignes du texte, pour une excursion qui mettra en évidence une cartographie de la face cachée d'une œuvre poétique contemporaine. Cette aventure permettra au lecteur de suivre l'écrivain Abad Boumsong, au-delà d'une simple connaissance des poèmes, vers l'inconscient du texte. *Le Livre du néant* d'Abad Boumsong, publié aux éditions L'Harmattan, est au cœur de cette étude passionnée.
(9.00 euros, 54 p.)
ISBN : 978-2-343-09661-2, ISBN EBOOK : 978-2-14-001350-8

PLUS OULTRE III
Mélanges offerts à Daniel-Henri Pageaux
Création poétique et critique - Littératures française et francophones
Habchi Sobhi - Études recueillies, coordonnées et préfacées par Sobhi Habchi

Après deux volumes sortis respectivement en 2007 et 2011 consacrés à la « Littérature générale et comparée » et aux « Littératures ibériques et ibéroaméricaines », ce troisième et dernier volume est centré sur un domaine de travail et de recherches cher à D.-H. Pageaux : les rapports entre création et critique littéraire ainsi que les études sur les lettres françaises et francophones. On trouvera dans ce recueil une quarantaine de contributions de collègues, d'amis et d'anciens étudiants de D.-H. Pageaux qui vont de la création poétique à des articles portant sur les francophonies d'Europe, du Liban, du Canada, des Antilles, d'Afrique noire et de l'océan Indien.
(35.00 euros, 542 p.)
ISBN : 978-2-343-08480-0, ISBN EBOOK : 978-2-14-001487-1

LE CANCIONERO DU TOLÉDAN
Sébastian de Horozco (XVIe siècle)
Franco-espagnol
Dumora Florence - Préface d'Augustin Redondo

Le Chansonnier, de Sebastian de Horozco (1510? -1577?), est resté inconnu du temps de son auteur, un juriste tolédan. Depuis sa première édition au XIXe siècle, il suscite un intérêt grandissant. L'importance de cet auteur tient à la variété de sa production littéraire. Au sein de la ville de Tolède, il est représentatif de la dynamique culturelle et littéraire de la Renaissance. À côté des compilations de poèmes d'autrui, il élabore un chansonnier personnel.
(Coll. Recherches et documents Espagne, 59.00 euros, 1122 p.)
ISBN : 978-2-343-07606-5, ISBN EBOOK : 978-2-14-001537-3

MAHI BINEBINE
Sous la direction de Najib Redouane, Yvette Bénayoun-Szmidt, Bernadette Rey Mimoso-Ruiz
En parcourant la production romanesque de Mahi Binebine, on est frappé par la réalisation d'une des voix les plus prometteuses dans la littérature marocaine contemporaine d'expression française. L'écrivain, natif de Marrakech, apparaît dans son œuvre proche de la vie, de la réalité et de l'histoire de sa ville natale et de son pays. Si ses romans se situent dans la période postcoloniale, les souvenirs d'enfance se mêlent aux récits des temps du protectorat transmis par la mémoire collective ou familiale. À travers des pages souvent touchantes, mais empreintes de réalisme, se glisse une étonnante réflexion sur la dérive humaine.
(Coll. Autour des écrivains maghrébins, 29.00 euros, 288 p.)
ISBN : 978-2-343-09726-8, ISBN EBOOK : 978-2-14-001457-4

DES FORMATIONS POUR LA SCÈNE MONDIALE AUJOURD'HUI
Quillet Françoise
Quelles écoles, quelles universités, quels enseignements existent aujourd'hui dans les différents espaces géographiques ? Quels principes inspirent les formateurs d'un univers culturel à l'autre ? Au-delà de la diversité offerte, quel but s'assignent les formations existantes et comment concevoir de nouvelles formations ? Quels arts du spectacle pour demain ? Ce volume fait suite au précédent du même auteur, *La Scène mondiale aujourd'hui. Des formes en mouvement.*
(Coll. Univers théâtral, 24.50 euros, 232 p.)
ISBN : 978-2-343-09875-3, ISBN EBOOK : 978-2-14-001617-2

LE JEU DE L'AMOUR ET DU HASARD
Salomé Villiers
Confronter Marivaux à la lumière de notre siècle ! Dans un décor coloré et bucolique, Silvia et Dorante sont promis l'un à l'autre. Soucieux de bien se connaître avant de s'engager, ils ont eu la même idée. Saurez-vous laquelle ? Cette version 60's du *Jeu de l'amour et du hasard* distille une énergie solaire, une humanité folle. « Ce jeu-là, servi merveilleusement par une troupe de jeunes comédiens, mérite le détour. » (*Marie France*). « L'amour et le hasard se jouent l'un de l'autre dans un univers joyeusement hybride, à l'aide de talentueux comédiens. » (*Pariscope*). « Tout est destiné à être vif, cinglant, moderne. Marivaux n'est encore qu'un jeune homme. » (*Un Fauteuil pour l'orchestre*). « Une comédie menée tambour battant sur un rythme rock'n pop par des comédiens complices dans le jeu et dans l'attention portée à l'esprit de Marivaux. » (*La Théâtrothèque*). « La modernité intemporelle de Marivaux saute soudain aux yeux. » (*La Grande Parade*). « Coups de cœur. » (LCI et Radio Classique).
(15.00 euros)
ISBN : 978-2-336-31144-9

LE BILINGUISME RÉUSSI À L'ADOLESCENCE
Enjeux (français-portugais)
Rouke Manuel-Ramos
Étudiant l'épanouissement des élèves d'un établissement scolaire public international français, intégrés dans une classe bilingue franco-portugaise, cette

étude se penche sur la langue portugaise et les dialectes parlés par les immigrants d'origine portugaise. Usant d'une méthodologie novatrice, l'auteur en fait l'exposé, l'analyse puis la critique, ce qui lui permettra d'étendre son analyse au bilinguisme français-portugais des adolescents en France.
(22.00 euros, 216 p., Illustré en noir et blanc)
ISBN : 978-2-343-07180-0, ISBN EBOOK : 978-2-14-001568-7

NOUVELLES ÉTUDES SUR LA TRANSITIVITÉ EN FRANÇAIS
Une perspective systémique fonctionnelle
Textes réunis par David et Janet Ormrod
Dans le prolongement d'un premier ouvrage plus général, *La linguistique systémique fonctionnelle et la langue française* (L'Harmattan, 2009), cet ouvrage explore un aspect spécifique de cette théorie : la transitivité. Ce terme, dans l'approche systémique fonctionnelle, concerne l'agencement du procès, les participants, et les circonstances, concept différent de la transitivité dans la grammaire traditionnelle.
(15.50 euros, 144 p.)
ISBN : 978-2-343-07120-6, ISBN EBOOK : 978-2-14-001465-9

CE QUE L'ÉCRIT FAIT AU SUJET PARLANT
Un cheminement intellectuel
Morinet Christiane
Apprendre à écrire à l'école est une étape importante de la formation intellectuelle. L'enfant doit pouvoir transformer des pratiques langagières et familiales en pratiques *littératiées* et académiques. En observant des situations d'enseignement et en analysant des productions écrites de lycéens, l'auteure construit un cadre théorique novateur.
(Coll. Sémantiques, 24.00 euros, 260 p.)
ISBN : 978-2-343-06521-2, ISBN EBOOK : 978-2-14-001429-1

MES RENCONTRES AVEC LES LANGUES
Une approche empirique de la connaissance des langues
Mirbeau-Gauvin Jean-Régis
La connaissance des langues inclut une grande part d'imitation, ainsi qu'une conception des « langues » élargie. Afin d'expliquer pourquoi certains peuples se comprennent, et d'autres non, la phonétique, la géographie et l'histoire sont de sérieux atouts. Par ailleurs, le linguiste doit voyager, aller à la rencontre des peuples, et donc se faire ethnologue ou philosophe. L'auteur nous amène donc à reconsidérer ce qui nous semble trop souvent un acquis.
(28.00 euros, 276 p., Illustré en noir et blanc)
ISBN : 978-2-343-08145-8, ISBN EBOOK : 978-2-14-001365-2

L'HARMATTAN ITALIA
Via Degli Artisti 15 ; 10124 Torino
harmattan.italia@gmail.com

L'HARMATTAN HONGRIE
Könyvesbolt ; Kossuth L. u. 14-16
1053 Budapest

L'HARMATTAN KINSHASA
185, avenue Nyangwe
Commune de Lingwala
Kinshasa, R.D. Congo
(00243) 998697603 ou (00243) 999229662

L'HARMATTAN CONGO
67, av. E. P. Lumumba
Bât. – Congo Pharmacie (Bib. Nat.)
BP2874 Brazzaville
harmattan.congo@yahoo.fr

L'HARMATTAN GUINÉE
Almamya Rue KA 028,
en face du restaurant Le Cèdre
OKB agency BP 3470 Conakry
(00224) 657 20 85 08 / 664 28 91 96
harmattanguinee@yahoo.fr

L'HARMATTAN MALI
Rue 73, Porte 536, Niamakoro,
Cité Unicef, Bamako
Tél. 00 (223) 20205724 / +(223) 76378082
poudiougopaul@yahoo.fr
pp.harmattan@gmail.com

L'HARMATTAN CAMEROUN
TSINGA/FECAFOOT
BP 11486 Yaoundé
699198028 / 675441949
harmattancam@yahoo.fr

HARMATTAN CÔTE D'IVOIRE
Résidence Karl / Cité des arts
Abidjan-Cocody 03 BP 1588 Abidjan 03
(00225) 05 77 87 31
etien_nda@yahoo.fr

HARMATTAN BURKINA
Penou Achille Some
Ouagadougou
(+226) 70 26 88 27

HARMATTAN SÉNÉGAL
10 VDN en face Mermoz, après le pont de Fann
BP 45034 Dakar Fann
33 825 98 58 / 33 860 98 58
senharmattan@gmail.com / senlibraire@gmail.com
www.harmattansenegal.com

Achevé d'imprimer par Corlet Numérique - 14110 Condé-sur-Noireau
N° d'Imprimeur : 136210 - Dépôt légal : février 2017 - *Imprimé en France*